Genèse des institutions monétaires et bancaires du Ghana

5-7, rue de l'Ecole-Polytechnique, 75005 Paris

www.editions-harmattan.fr

ISBN : 978-2-343-20587-8
EAN : 9782343205878

Victor Komla Alipui

Genèse des institutions monétaires et bancaires du Ghana

Préface de Godwin Tété

L'Harmattan
5-7, rue de l'École Polytechnique
75005 Paris - France

L'Harmattan-Bénin
Lot 2066 - Mênontin - 01 BP 359
Cotonou - Bénin

L'Harmattan Bénin

Préface

> ***« L'histoire universelle est la seule référence pour faire avancer l'histoire universelle »***
>
> Sébastien Périmony

Victor Komla Alipui était haut cadre à la Banque Centrale des États de l'Afrique de l'Ouest lorsque le « Timonier national » togolais, Gnassingbé Eyadéma, l'appela et lui confia le portefeuille ministériel de l'Économie et des Finances. Et ce fut à la faveur de l'ouverture de la fameuse et mémorable Conférence Nationale Souveraine (CNS - 8 juillet-28 août 1991) du Peuple togolais que Victor K. Alipui et moi nous rencontrâmes pour la première fois. Je fus immédiatement séduit par sa droiture d'« *homme véritable* » (Boris Polévoï), son intégrité morale, son honnêteté intellectuelle. Je fus surtout totalement éberlué lorsque, suite à l'adoption par la CNS d'une déclaration proclamant que la gouvernance étatique « éyadémaïste » avait accouché d'un fiasco retentissant, Victor Alipui eut l'incroyable audace d'approuver un tel verdict ! En effet, en ce temps-là, il fallait vraiment oser se comporter ainsi !...

À partir de ce moment-là, je m'attachai à lui comme à un authentique frère, et il en fit de même à mon égard. Alors, chaque fois que, harcelé par une question de notre commun combat pour le Togo et l'Afrique, je vais en discuter avec lui, j'ai été toujours remonté par nos échanges d'idées et de points de vue.

Voici pourquoi, quand Victor Alipui m'a demandé de préfacer son ouvrage, « *Genèse des institutions monétaires et bancaires du Ghana* » je n'ai pas hésité une seule seconde. Et je me fais même le plaisir d'accomplir ce fraternel service en me livrant simplement à ces quelques commentaires.

Depuis son invention, l'argent, ou en termes d'économie politique, la monnaie, a toujours véhiculé, et véhicule encore un mystère anthropologique qui a profondément troublé l'une des plus hautes éminences grises en la matière, à savoir Karl Marx lui-même, qui y a consacré quelques lignes philosophiques d'une densité inégalée à ce jour. Et ce n'est pas l'économiste émérite Massimo Amato qui me démentira à cet égard, lui qui a récemment publié un ouvrage de 340 pages intitulé *L'énigme de la monnaie* (Les Éditions du Cerf, Paris, 2015).

Mais ce n'est pas de cette énigme qu'il s'agit ici. Il en va d'une question concrète, pragmatique, palpable. Ici, Victor K. Alipui s'attaque à ce qu'il nomme « *problème du rôle de la monnaie dans le développement économique et social* » des pays ouest-africains.

Oui, l'objectif spécifique fondamental de cet ouvrage est de savoir si, ainsi que le professe l'une des écoles de l'économie politique classique, la monnaie est neutre.

D'entrée de jeu, ce qui frappe le lecteur, c'est bel et bien le sérieux du travail qui se traduit par le caractère consciencieux, scrupuleux, méticuleux, détaillé, des recherches et des propositions, et par une remarquable structuration de l'étude. Enfin, je note une documentation époustouflante.

Comme un édifice centré autour d'un énorme pilier, ainsi l'ouvrage de Victor K. Alipui est-il centré autour de l'expérience concrète du Ghana. Il y a deux raisons majeures à cela.

La première, c'est que c'est dans ce pays que la politique post-coloniale de développement économique et social aura été à ce jour la plus volontariste et la plus systématique.

La seconde, c'est que c'est aussi au Ghana que les données statistiques requises se sont trouvées relativement disponibles.

Par ailleurs, le présent ouvrage est sous-tendu par un autre du même auteur, « *Le rôle de la monnaie dans le développement économique et social de l'Ouest africain* » qui étudie l'expérience de quatre pays : Ghana, Guinée, Côte d'Ivoire, Sénégal.

Tout compte fait, les analyses de Victor K. Alipui réduisent en cendres la thèse de la « neutralité de la monnaie ». À vrai dire, selon lui, « *la conclusion définitive que nous pouvons tirer à la suite de cette deuxième vérification est claire : la thèse de la neutralité ne peut être soutenue dans le cadre de l'économie ghanéenne. La monnaie a une influence, à la fois sur le niveau des prix et sur le volume du produit national* ».

Si donc la monnaie n'est aucunement neutre, alors se pose la question cruciale de la politique monétaire et financière idoine pour un développement économique et social viable et durable. D'où la nécessité pour les responsables des États africains de s'imprégner autant que faire se peut des recommandations du présent ouvrage de Victor K. Alipui. En tout état de cause, l'auteur nous prévient : « *Mais dans les transformations des structures anciennes et coloniales qui doivent amener l'Ouest africain sur la voie d'un progrès auto-entretenu, les agents de développement doivent bien se garder de toucher à ce qu'il y a de fondamental chez les peuples ouest-africains, à ce qu'il y a de remarquable dans leur civilisation : nous voulons dire le sens de l'humain. Car, à notre avis, le seul objectif que devrait poursuivre tout progrès, c'est de rendre l'homme heureux* ».

En ce qui concerne le développement viable et durable de l'Afrique post-coloniale, les propositions et recommandations – presque cinq décennies après leur élaboration – de Victor K. Alipui affichent toujours une surprenante actualité. C'est-à-dire qu'elles n'ont pas perdu un iota de leur pertinence et de leur validité.

Last, but not least, la question de la souveraineté monétaire nationale et internationale, latente à l'époque de la rédaction de l'ouvrage, a depuis quelque temps refait surface et occupe la une des médias. J'ai ici à l'esprit la brûlante question du franc CFA qui a mobilisé un autre de nos éminents économistes, Kako Nubukpo.

Quoi qu'il en soit, notre frère et ami Victor Komla Alipui est un grand maître de la science de l'économie politique. Assurément un grand maître progressiste – au sens marxisant, pour ne pas dire marxiste – de ce concept. Dès lors, je prends la liberté d'inviter tous les combattants de la liberté à lire et étudier cet ouvrage, et à inciter tous leurs amis à également le lire et l'étudier.

Paris, le 12 juin 2019

Godwin Tété

Avant-propos

Les recherches dont nous présentons ici les résultats ont été entreprises en octobre 1964 à la Faculté de Droit et des Sciences Économiques de l'Université de Dakar sous la direction de M. Michel Leduc, Professeur agrégé d'Université. Elles ont été sanctionnées par un mémoire de Diplôme d'Études Supérieures de Sciences Économiques soutenu le 30 octobre 1970 à la Faculté de Droit et des Sciences Économiques de l'Université de Rennes.

Ayant étudié avec lui les institutions monétaires des pays francophones de la Zone franc d'une manière approfondie, et, d'une façon générale, les différentes institutions monétaires d'Afrique, il nous a semblé qu'une étude plus détaillée de ces dernières était nécessaire pour nous permettre de bien saisir toute la réalité monétaire africaine et de compléter aussi notre formation. À cet effet, M. Leduc nous proposa une série d'axes de recherches sur les institutions monétaires et bancaires des pays ouest-africains anglophones (Ghana, Nigéria, Sierra Leone, etc.) et de ceux du Maghreb (Maroc, Tunisie, Algérie, Égypte et Libye). Mais il nous était difficile d'obtenir sur place, à l'Université deDakar, tous les documents pouvant permettre une étude détaillée et complète. Des recherches sur le terrain étaient par conséquent nécessaires. Ainsi, en juin 1965, muni d'une attestation délivrée le 1er juin 1965, nous nous rendîmes à Accra, au Ghana, afin d'y faire les recherches.

Notre premier contact avec le système monétaire et bancaire du Ghana se fit par l'intermédiaire du *Capital Investments Board*, organisme chargé de gérer le code d'investissement du Ghana, et qui était plus ou moins rattaché à la Banque de développement du Ghana, la *National Investment Bank*.

Un poste d'analyste économique et de secrétaire adjoint nous fut offert au *Board*. Quelques mois plus tard, la *Bank of Ghana* devait nous recruter dans son département des Études (*Research Department*), où il nous était possible d'étudier dans le détail le système monétaire et bancaire du Ghana, ainsi que son impact sur l'ensemble des structures économiques de ce pays. C'est donc au cœur même du système que nous avons conduit nos recherches, tout en restant en contact permanent avec M. Leduc. Un stage théorique et pratique, suivi successivement à l'Université Luigi Bocconi, à la Casa di Risparmio delle Provicincie Lombarde à Milan, et à la Banque d'Italie à Rome, nous a permis de mieux comprendre les mécanismes et le fonctionnement des institutions monétaires et bancaires en général.

La présente étude porte sur les institutions monétaires et bancaires du Ghana, et leur rôle dans le développement économique et social. Elle est divisée en trois parties : une partie descriptive, une partie analytique et une partie théorique.

Une seconde étude, ayant pour titre « Le rôle de la monnaie dans le développement économique et social de l'Ouest Africain », fait l'objet d'un autre ouvrage et vient compléter la présente.

Au terme de cette première partie de nos recherches, nous voudrions exprimer toute notre reconnaissance à M. Michel Leduc sans lequel ces recherches n'auraient peut-être pas pu être menées, ou du moins, n'auraient pu être présentées sous cette forme. Notre reconnaissance va également à tous nos professeurs de doctorat qui n'ont cessé de nous apporter des conseils, tant didactiques que professionnels, ainsi qu'au Ministère français des Affaires étrangères et à la Banque du Ghana pour leur aide.

Introduction

C'est à partir des frontières définies autrefois par les anciennes puissances colonisatrices que se forment aujourd'hui les nations africaines ; c'est aussi dans les limites de ces frontières-ci qu'elles conçoivent leur politique de développement économique et social.

Le Ghana, dont le nom évoque un ancien empire soudanais du IIIe au XIe siècle, est la fusion de deux territoires coloniaux autrefois connus sous les noms de *Gold Coast* (ou Côte de l'Or) et de *Togoland*[1]. Situé sur la côte occidentale de l'Afrique, dans le golfe de Guinée, entre 1°2' de longitude Est, 3°15' de longitude Ouest, et entre 4°45'0 et 11°11' de latitude Nord, le Ghana, qui a à peu près la forme d'un rectangle, couvre une superficie totale de 239 460 km^2, c'est-à-dire deux fois moins que la France. Il a des frontières communes avec le Togo à l'Est, la Côte d'Ivoire à l'Ouest et la Haute-Volta[2] au Nord. En dépit de ses nombreuses lagunes et marécages, la côte est hospitalière, et s'étend sur 536 km environ.

On rencontre très peu de montagnes au Ghana. En revanche, on y trouve de nombreuses collines et plateaux. Ces derniers, qui s'élèvent de 487 à 914 mètres d'altitude[3], comprennent notamment les chaînes Akwapim-Togo, qui s'étirent

---

1 Après le Traité de Versailles en 1919, l'ancienne colonie allemande du Togo a été divisée en deux territoires placés par la Société des Nations sous mandats respectivement anglais et français. Le Togoland reste sous mandat anglais jusqu'en 1956, et devient indépendant le même jour que l'ancienne colonie britannique, la *Gold Coast*, sous le nom du Ghana. Les deux territoires du Togo furent d'abord sous la tutelle de la SDN, et ensuite de l'Onu.

2 Rebaptisée « Burkina Fasa » en 1984.

2 Afadzato et Yogaga atteignent 914 m et représentent les points culminants.

de Pokoasi, à quelques kilomètres d'Accra, jusqu'à la frontière Ghana-Togo, à Dutukpena. Au nord de ces chaînes se trouvent les plateaux Kwahu, qui s'étendent environ sur 193 km entre Koforidua et Wenchi.

Le Ghana jouit d'un climat tropical fortement influencé par un vent chaud et sec venant du nord-est, et un vent frais et humide venant du sud-ouest. Ce dernier, qui vient de l'océan Atlantique, adoucit considérablement le climat sur plus de la moitié du pays, de sorte que les températures moyennes varient entre 21 et 29° C.

Dans la plaine côtière et sur les plateaux, la végétation est variée ; elle va d'une forêt équatoriale aux grands arbres à un mélange de petites forêts et de prairies parsemées de taillis. Au-delà des limites Nord de la région forestière, la végétation change et se transforme en de grands parcs qui, à leur tour, cèdent la place à une savane ouverte parsemée de quelques arbres. La Volta, d'une longueur de plus de 1609 km, arrose la partie Est du Ghana sur plus de 157 868 km². Coupée par des rapides, elle est pourtant navigable à plusieurs endroits. Quant aux lacs, il n'en existe qu'un seul au Ghana, le lac Bosumtsi, situé à 34 km au sud-est de Kumasi, d'une superficie de 49 km² et d'une profondeur maximale de 73 mètres. Par contre, tout au long de la côte, et principalement dans les régions Est et Ouest (Keta, Cap Three Points) les lagunes et les marécages offrent un spectacle pittoresque.

Quant à la nature du sol, elle est déterminée par le climat et la végétation. Dans la zone forestière, on trouve des couches de roches anciennes de quartz faites de granit et de gneiss ; elles sont recouvertes par un sol très riche en humus qui lui donne une couleur noirâtre. Sur la côte, la couche superficielle du sol est généralement brune ou noire, couleur due à un mélange de plantes en décomposition. Dans la vallée de la Volta, on trouve de riches dépôts rouges d'alluvions. Au Nord, on rencontre un sol caillouteux, mais fertile dans la majorité des cas.

En 1967, la population du Ghana est évaluée à 8 139 000 habitants, avec un taux de croissance de 2,6% par an. Elle se répartit entre divers groupes ethniques, dont les plus importants sont les *Ga*, les *Adangbe* et les *Ewe*, qui occupent la plaine d'Accra et toute la partie Centre-Sud de la vallée de la Volta ; les Fanti et les Twi dans le Centre et l'Ouest, et les Mamprusi, Dagomba, Gonga, Kasséna, Nankani, Builsa, Wala, Dagarti et Issala dans toute la région Nord. Les principales métropoles sont Accra, la capitale – qui compte avec le port en eau profonde de Tema plus de 800 000 habitants – Kumasi, Sekondi-Takoradi, Cape Coast, Tamale et Ho.

À cause de la diversité et de l'importance de ses ressources naturelles, le Ghana passe pour un des pays les plus riches d'Afrique[4]. En effet, il possède d'abondants gisements d'or, de diamant, de bauxite et de manganèse dont la production représente en moyenne 20,1% des exportations.

Le Ghana est le premier pays producteur de cacao du monde, avec en moyenne 403 000 tonnes par an, ce qui lui fournit plus de 50% de ses revenus d'exportation. Après la Côte d'Ivoire, il est aussi le 2e pays producteur de bois en Afrique. Il produit et exporte également, mais dans une moindre mesure, du café, des noix de cola et des fruits.

D'autres produits agricoles font principalement l'objet de consommation locale : céréales (maïs, riz, mil, sorgho), tubercules (igname, manioc, tarot, patate douce), haricots et bananes plantains. Depuis quelque temps, on développe certaines cultures de rente telles que le caoutchouc, la canne à sucre, le tabac, le coton, la banane et l'ananas. L'élevage est très pratiqué dans le Nord du Ghana, notamment bovins (zébus et bœufs)[5], moutons, chèvres et porcs.

---

[4] Les autres pays d'Afrique considérés comme riches à cause de la diversité et de l'importance de leurs ressources naturelles sont le Congo Kinshasa, la Côte d'Ivoire, le Nigéria et le Gabon.

[5] Zébu : espèce de bœuf possédant une bosse adipeuse sur le garrot.

TABLEAU N° 1. Produits d'exportation du Ghana : importance du point de vue quantité et valeur

Produits	Unité	1964		1965		1966		1967	
		Quantité 000	Valeur Nq 000	Quantité 000	Valeur Nq 000	Quantité 000	Valeur Nq 000	Quantité 000	Valeur Nq 000
Fèves de cacao	Tonne	382	136 233	494	136 471	392	103 057	330	130 670
Pâte de cacao	" "	16	454	21	889	24	1 214	24	1 481
Beurre de cacao	" "	12	8 873	21	11 422	39	11 499	23	22 476
Bois (grumes)	Hops ft *	19 067	16 154	15 528	13 257	13 210	10 885	13 986	12 694
Bois (scié)	Cub. ft *	8 904	13 330	8 144	11 432	7 238	9 977	6 690	9 663
Bauxite	Tonne	264	1 285	283	1 315	306	1 488	296	1 593
Manganèse	Tonne	498	8 672	568	9 571	589	12 151	445	9 233
Diamant	Carat	2 569	12 241	3 084	13 518	1 999	10 843	1 990	12 636
Or	FOT	831	20 615	793	19 052	690	17 054	767	20 966
Noix de cola	Kg	4 469	697	2 742	688	5 941	1 248	4 722	555
Divers		-	7 818	-	5 822	-	6 411	-	16 666
TOTAL			**2 260**		**2 233**		**1 857**		**2 393**

Source Ghana Economic Survey 1967 p. 68
** Mesures anglaises dont il nous a été difficile d'obtenir l'équivalence en français. Source : Ghana Economic Survey, p. 38, 1967*

TABLEAU N° 2. Importance de la production ghanéenne de cacao par rapport à la production mondiale

	1958-59	1959-60	1960-61	1961-62	1962-63	1963-64	1964-65	1965-66	1966-67	1967-68*
Production mondiale	910	1 046	1 178	1 132	1 164	1 207	1 505	1 212	1 342	1 278
Production ghanéenne	255	317	432	410	422	421	572	410	385	410
Pourcentage de la production ghanéenne par rapport à la production mondiale	**28,0**	**30,3**	**36,7**	**36,2**	**36,3**	**34,9**	**38,0**	**33,8**	**28,7**	**32,1**

Source : Gill et Duffus Cocoa Report Avril 1968
(*) Les chiffres de 1967-1968 sont des estimations

TABLEAU N° 3. Le cheptel ghanéen

	1963	1964	1965	1966	1967
Bœufs	476 600	504 556	511 242	527 596	551 943
Moutons	236 557	332 774	354 677	486 292	509 384
Chèvres	229 945	319 117	380 477	411 998	549 758
Porcs	5 435	73 645	50 903	80 511	82 906

C'est le 6 mars 1957 que le Ghana accède à l'indépendance nationale. Mais rappelons qu'avant cette date, le Ghana jouissait déjà, depuis 1951, du statut de *Self Government*, c'est-à-dire de l'autonomie interne. Le 1er juillet 1960, le pays est proclamé « République au sein du Commonwealth », et le Dr Kwame N'Krumah, qui était jusqu'ici Premier ministre, est élu Président de la nouvelle république. Le 24 février 1966, une junte militaire, dirigée par Kwasi Kotoka, renverse son régime, et le Ghana connaît d'abord un régime militaire sans partage, puis un régime semi-militaire et parlementaire dont le Dr Kofi Busia est le Premier ministre.

Au cours des quatorze dernières années, le Ghana a sans doute été le pays d'Afrique noire dont on a le plus souvent parlé, soit à cause de ses prises de position spectaculaires sur les grands problèmes politiques internationaux qui, pour éviter les conflits nés de la guerre froide, s'inscrivent dans le cadre d'une politique dite de « neutralisme positif »[6], soit à cause de sa politique de développement économique, qui s'est d'abord définie dans la perspective d'un modèle de type socialiste, puis dans la perspective d'une économie de libre entreprise.

Mais au-delà de ces options de politique de développement qui, à notre avis, relèvent plutôt de considérations et de préoccupations idéologiques des dirigeants politiques, il faut dire qu'il existe, dans l'ensemble, un consensus sur certains problèmes cruciaux.

En effet, dans le Ghana d'après l'indépendance, face au désir d'une croissance économique accélérée et à l'insuffisance

---

[6] La politique de « neutralisme positif » a été définie à plusieurs reprises par le Dr Kwame N'Krumah dans ses discours et publications comme une « *politique d'abstention par rapport à la guerre froide, de neutralité, mais non de passivité* ». Selon cette politique, souvent reprise en principe par les différents gouvernements du Ghana, « *le Ghana exerce son droit de libre choix en soutenant les actes qu'il estime devoir contribuer à maintenir la paix ; condition de sa survivance en tant que nation indépendante* ». Cette définition est à peu près reprise à propos de la politique de l'Afrique dans le monde dans son livre *L'Afrique doit s'unir*, Éditions Payot, 1964, p. 228.

de l'épargne nationale et étrangère, tout le monde croyait que la monnaie, dans le cadre d'un système monétaire et bancaire bien conçu, pourrait apporter une solution satisfaisante. Aussi, depuis 1957, l'action des pouvoirs publics a-t-elle consisté en la mise en place d'une infrastructure monétaire et bancaire capable de satisfaire ce dessein.

Mais auparavant, il convient d'étudier cette infrastructure et le rôle qu'elle est appelée à jouer dans la vie économique du Ghana, et de savoir ce dont on parle, et par conséquent de donner une définition de la monnaie qui, somme toute, en est l'élément fondamental.

Si la monnaie est devenue un élément banal de notre vie quotidienne, il n'en reste pas moins que sa définition présente des difficultés du fait même de sa création et de sa circulation.

Selon Pierre Berger, elle se définit par rapport à sa fonction principale, qui est « *de permettre le règlement d'une dette ou le paiement d'un achat* »[7]. Cette définition a le mérite d'être brève, mais du fait même qu'elle ne tient compte que de la fonction principale de la monnaie, elle est incomplète, car de cette définition, on retient l'impression que la monnaie, après l'extinction d'une dette ou le paiement d'un achat, disparaît du circuit économique, ce qui fait que la monnaie ne nous apparaît que sous un aspect statique. Aussi lui préférons-nous la définition de Raymond Barre qui nous satisfait davantage.

Selon ce dernier, la monnaie « *est un bien d'échange généralement accepté au sein d'une communauté de paiement* », une définition qui paraît générale. Mais il précise que c'est un « *bien de consommation qui a pour fin de satisfaire un besoin et de rester de manière durable dans la consommation* »[8].

---

[7] Pierre Berger, *La Monnaie et ses mécanismes*, p..7, PUF, Collection Que saisje ? N°1217, Paris, 1967.

[8] Raymond Barre, *Économie Politique*, tome II, p. 287, Éditions Thémis, 1960.

Du fait que la monnaie est « *généralement acceptée dans une communauté...* » et « *reste d'une manière durable dans la consommation* », on peut donc déjà penser qu'elle a des dimensions plus larges qui lui permettront d'y jouer un rôle dynamique. Malheureusement, Raymond Barre souligne que ce « *n'est pas un bien de production* » en ce sens « *qu'elle n'est pas capable de réaliser des transformations physiques qui donnent naissance à des biens de consommation* ». Certes, si la monnaie en tant que telle ne peut réaliser des transformations physiques, on constate néanmoins que dans l'économie moderne, elle y contribue largement grâce à ses mécanismes. Aussi sommes-nous tenté de proposer la définition suivante : « *la monnaie est un instrument défini dans le temps par une unité de compte qui permet d'effectuer des paiements, des transactions commerciales ou autres au sein d'une communauté (nationale ou internationale) et qui, grâce au jeu de ses mécanismes, est susceptible d'en accroître ou d'en diminuer la richesse* ». Après cela, nous n'avons nullement le sentiment, encore moins la prétention, d'avoir donné une définition complète de la monnaie, mais celle-ci nous donne en tout état de cause la possibilité de pouvoir explorer, dans un pays sous-développé comme le Ghana, ce que peut être son champ d'action en même temps que ses limites réelles.

Nous estimons donc que la monnaie n'est pas qu'un simple intermédiaire des échanges ou un simple instrument de numération dont les effets ne s'exerceraient que sur le niveau général des prix comme cela a été longtemps soutenu par les grands classiques du début du XIXe siècle.

La monnaie est un instrument dynamique, indispensable au fonctionnement de l'économie d'un pays. À ce titre, elle peut, grâce à une politique économique réaliste, et compte tenu des ressources humaines et des matières premières effectives[9], permettre à chaque individu ou entreprise de produire, consommer et épargner, ou, en d'autres termes, favoriser l'expansion de tout l'appareil de production de l'économie et

[9] Matières premières disponibles qu'on peut effectivement exploiter.

l'élévation du niveau de vie des individus. À cet égard, la politique monétaire des pouvoirs publics doit être conçue de telle manière qu'une surabondance ou une insuffisance de monnaie ne compromette pas la réalisation des objectifs économiques et sociaux. Cette politique monétaire ne peut, du reste, être assurée que si l'économie est dotée d'instruments financiers adéquats.

Notre présente étude portera sur l'organisation des institutions monétaires et bancaires du Ghana, ce qui nous permettra de dégager, en dernière analyse, le processus de création de la monnaie dans ce pays.

Dans un chapitre préliminaire, nous donnerons un aperçu de l'origine du système monétaire du Ghana. Ensuite, dans trois autres chapitres, nous traiterons :

- de la monnaie et de la Banque centrale du Ghana ;
- des banques et établissements financiers au Ghana ;
- des problèmes théoriques posés par l'organisation monétaire et bancaire dans un pays sous-développé comme le Ghana.

Chapitre préliminaire

ORIGINES DU SYSTÈME MONÉTAIRE DU GHANA

Le Ghana se présente aujourd'hui comme une mosaïque de groupes ethniques. C'est au sein de ces divers groupes et entre eux – qui constituaient des unités politiques et économiques bien avant les premiers contacts avec le monde occidental vers 1471 – que s'effectuaient les transactions commerciales[10].

Bien que l'on ne dispose ni de statistiques, ni de documents pour témoigner de l'importance de ces transactions, et surtout pour nous préciser l'époque où la monnaie fit son apparition dans les mœurs de ces groupes, on admet généralement aujourd'hui, grâce aux traditions orales et à quelques études récentes, qu'il y a environ mille sept cents ans, les peuples africains étaient déjà en rapports commerciaux avec les autres peuples du monde par une ouverture sur les pays méditerranéens[11]. Les écrits d'Hérodote, historien grec des années 484-420 avant J.C., permettent de dater ces rapports à plus de deux mille cinq cents ans. En effet, dans ses récits sur les explorations des Carthaginois, il raconte que le périple d'Hannon, qui date du VIe siècle avant notre ère, eut comme principale étape au-delà des colonnes d'Hercule (le détroit de Gibraltar) la Corne du Midi, située au sud de la Sierra Leone, entre 7° et 8° de latitude Nord. Plus tard, les Carthaginois, venus de l'actuelle Tunisie, allaient déposer sur les côtes de l'Afrique occidentale, quelque part dans cette même région de la Corne du Midi, les produits qu'ils voulaient échanger contre de l'or.

---

10 Basil Davidson, dans son livre *Old Africa Rediscovered*, p. 165, Victor Gollanez Ltd, 1959, parle du commerce florissant qui existait dans cette partie de l'Afrique avant l'arrivée des navigateurs portugais.

11 Il y avait, pense-t-on, des relations entre les Arabo-Berbères de l'Afrique du Nord et les Noirs de l'empire du Ghana.

En spéculant, certains pensent aujourd'hui que cette région serait l'emplacement actuel du Ghana, où il existe encore d'importants gisements d'or auxquels le pays devait d'ailleurs jusqu'en 1957 son nom de *Gold Coast*, la « Côte de l'Or ».

Sans nous en tenir à ces récits et aux spéculations qu'ils suscitent aujourd'hui, il nous apparaît vraisemblable que les transactions commerciales de ces groupes ethniques et des autres peuples de l'Afrique de l'Ouest, et plus particulièrement leur usage de la monnaie, est l'un des vestiges de l'ancien empire du Ghana, fondé vers le IIIe siècle après J.C par les Sarakolé, ou Soninké.

Du IXe au XIe siècle, sous le règne de la dynastie des Cissé Tounkara, le Ghana établit sa domination sur tout le Soudan occidental. Il faut préciser que dès le VIe siècle, l'empire du Ghana n'avait pas pu résister à l'influence des grands commerçants arabes qui, installés le long de la Méditerranée, faisaient des incursions dans l'hinterland, soit pour imposer l'Islam, soit pour y chercher de l'or ou d'autres produits exotiques. La monnaie aurait donc été introduite dans l'empire du Ghana d'abord par les contacts que celui-ci avait avec les commerçants arabes. Ensuite, après la dislocation de l'empire, les petits et grands royaumes qui s'étaient reconstitués en avaient tout simplement gardé l'usage.

SECTION I
Instruments d'échange traditionnels

A – Instruments d'échange traditionnels et mythes associés

Les instruments d'échange dans les communautés ethniques ghanéennes portaient principalement sur les objets auxquels on attachait un certain pouvoir magique. Ainsi, l'or et les cauris, réputés apporter la prospérité et le bonheur dans les foyers, étaient largement utilisés.

Aujourd'hui, bien qu'ils aient pratiquement cessé de jouer un rôle dans les échanges, l'or et les cauris n'en gardent pas moins au sein de ces communautés toute leur importance magique, notamment en ce qui concerne la confection des amulettes et gris-gris et l'érection des idoles, dieux protecteurs et porte-bonheur que l'on trouve dans la plupart des maisons des Ewe du sud-est du Ghana. Cette croyance mythique provient, dit-on, du fait que l'or et les cauris possèdent un pouvoir magnétique qui leur permet d'attirer une plus grande clientèle aux cours des transactions commerciales, et d'accroître par conséquent les recettes et les profits. Aujourd'hui encore, lors de ces transactions, certains commerçants entreprenants de la Côte du Bénin exposent sur leurs étalages des cauris ou évoquent cette croyance en disant que « *c'est l'argent qui attire l'argent* ».

Pour notre étude, il faudra sans doute aller au-delà de cette croyance pour chercher les motifs profonds du choix de l'or et des cauris comme instruments d'échange dans les relations commerciales de ces communautés.

1. L'or, instrument d'échange dans le Bono-Mansu

Situé dans le centre-nord du Ghana actuel, le royaume de Bono-Mansu fut l'un de ceux qui s'étaient constitués après la dislocation de l'empire du Ghana.

Vers le milieu du XIVe siècle, sous le règne de Nana Akumfi Ameyaw 1er, d'importants gisements d'or furent découverts dans ses collines et rivières à 160 km au nord de Kumasi. Les habitants du Bono-Mansu connaissaient déjà depuis longtemps l'importance de l'or grâce aux relations commerciales existant entre eux et le monde arabe par l'intermédiaire du Soudan, alors un véritable entrepôt de tous les royaumes de l'Afrique occidentale. À Tombouctou, sa capitale, convergeaient deux grandes routes de caravanes venant de l'Afrique du Nord à travers le Sahara.

Profitant de l'une des caravanes, Nana Obunumankoma, prince du royaume de Bono-Mansu, et certains de ses concitoyens, voyagèrent jusqu'en Égypte, où ils prirent directement contact avec le monde arabe. On raconte qu'au cours de leur séjour, ils se rendirent compte de l'importance des besoins en métaux précieux des Arabes, et qu'ils en tirèrent également de riches enseignements quant à l'organisation de leurs affaires, et plus particulièrement celle de leur système d'échange qui reposait pour l'essentiel sur des manipulations monétaires continuelles. Car on soutient qu'en 1363, lorsqu'il monta sur le trône après Nana Ameyaw 1er, Nana Obunumankoma fit adopter l'or comme instrument d'échange dans tout le royaume, et créa le *Saana,* ou « Trésor royal ». Son attitude, ainsi que celle de ses concitoyens, changea à l'égard de l'or qui, jusque-là, était considéré comme une marchandise ou un objet d'ornement.

Pour éviter les difficultés et les abus qui pourraient éventuellement naître du fait de l'utilisation de l'or dans les échanges, Nana Obunumankoma introduisit un système basé sur des pièces de monnaie que gérait le Trésor royal. Il existait deux sortes de pièces : en or pur, ou frappées à partir d'un alliage d'or et d'argent ou de cuivre. Celles en or pur étaient utilisées dans les relations commerciales avec l'extérieur, tandis que les pièces en alliage circulaient à l'intérieur même du royaume.

En leur offrant les pièces d'alliage, le Trésor royal achetait aux habitants du royaume tout l'or qu'ils détenaient ou tous les autres produits susceptibles d'être exportés. Avec ces pièces, ils pouvaient se procurer auprès du Trésor même ou entre eux des biens importés des autres royaumes ou d'ailleurs. Ces pièces en alliage – qu'on appelait « *bosom* », c'est-à-dire « fétiche » – étaient fractionnées en plus petites unités appelées « *kakera* »[12], dont le pouvoir d'achat était si fort à l'époque qu'il existe encore aujourd'hui un dicton *akan*[13] qui dit : « *On ne peut pas acheter beaucoup d'or avec un kakera* », mais avec sa valeur en or, on pouvait se procurer sur le marché bien assez de biens et de produits pour satisfaire tous ses besoins.

Du fait que le *kakera* permettait d'acheter une quantité considérable de biens de consommation, chacun cherchait à en disposer autant qu'il le pouvait en offrant au Trésor une quantité aussi considérable d'or. Son extraction devint la préoccupation principale des gens, et l'or extrait était soigneusement conservé dans des vases qu'on cachait dans des lieux peu fréquentés avant de le porter au Trésor lorsqu'on éprouvait le besoin de disposer de *kakeras*. Il faut dire qu'avec le temps, l'or finit par faire l'objet d'une certaine adoration, d'un culte : il était devenu un fétiche.

Les traces de ce fétichisme persistent encore de nos jours dans les milieux ruraux, en particulier dans le sud-est du

---

[12] *Kakera* signifie petit en *akan*.

[13] Les Akan sont constitués par les groupes ethniques Twi, Fante et Ashanti.

Ghana, où l'on raconte que le *yewe,* ou fétiche, rend les hommes heureux s'il est correctement adoré[14].

Si cette petite digression nous permet de nous faire une idée de la mentalité qui prévalait en général à cette époque vis-à-vis de l'or, il n'en reste pas moins que les raisons qui justifiaient son choix comme instrument d'échange étaient d'ordre purement spéculatif. En effet, à proprement parler, les pièces d'or ne jouaient un rôle vraiment important que dans les rapports commerciaux du royaume de Bono-Mansu avec les autres royaumes, ou plus généralement avec le monde extérieur. Elles étaient surtout utilisées par le Trésor royal sur les marchés extérieurs pour l'achat des biens indispensables à l'ensemble du royaume. Et dans la mesure où le roi disposait d'abondantes réserves d'or, il pouvait les transformer en pièces de monnaie pour obtenir de l'extérieur une quantité importante de biens.

2. Circulation de la poudre d'or dans la Confédération *ashanti*

L'or était également adopté comme instrument d'échange dans la confédération *ashanti* et les autres groupes ethniques de la côte. À la différence du système d'échange du Bono-Mansu, basé sur des pièces de monnaie, dans la Confédération *ashanti*, on avait instauré un système pondéral compliqué, car il faut préciser que l'or circulait sous forme de poudre ou de pépites qu'on pesait chaque fois qu'il y avait des transactions commerciales pour déterminer sa valeur. Il existait en principe deux systèmes de poids : le système de poids royal et le système de poids ordinaire.

14 Dans le sud-est du Ghana et au Togo, dans la communauté *ewe* du sud et chez les Ana du centre, entre les mois de juillet et septembre, des cérémonies durent pendant des semaines en l'honneur du *yewe.* Les féticheurs se parent de cauris et des bijoux en or, signes ostentatoires de richesse et de bonheur.

Lorsque les individus effectuaient des paiements entre eux, ils se servaient du système de poids ordinaire. Mais lorsqu'ils devaient faire des paiements au Trésor royal, ou lorsqu'ils devaient lui céder tout simplement l'or qu'ils détenaient contre l'obtention de quelques biens, on utilisait le système de poids royal dont les poids étaient bien supérieurs à ceux du système ordinaire. On peut se demander ce qui arrivait dans le cas contraire, c'est-à-dire lorsque le Trésor royal avait à effectuer des paiements aux individus.

En réalité, une telle possibilité n'existait pas, car l'organisation de la confédération et des autres communautés ethniques était telle que les individus n'étaient payés par le Trésor royal ou les chefs traditionnels qu'en nature. Mais s'il advenait qu'ils fussent payés autrement, il est clair qu'ils ne le seraient que sur la base du système ordinaire, car le système d'échange était conçu de manière à ce que les individus versassent plus d'or aux chefs, censés être la catégorie la plus riche de la communauté.

Il est à souligner que dans la région centre-sud du Ghana actuel, il n'existait pas moins de trente-cinq systèmes de poids correspondant aux diverses communautés ethniques. Pour les identifier, on donnait aux poids les formes les plus diverses, représentant le plus souvent les animaux et les arbres les plus familiers aux populations intéressées. Ainsi trouvait-on par exemple des poids en forme de lézard, d'antilope, de colombe, de poisson, de baobab ou de rônier. Ils étaient en cuivre, en laiton, et parfois même en or.

Précisons que si les individus avaient le droit de fabriquer les poids et les balances, ils n'avaient le droit de s'en servir qu'après les avoir soumis au contrôle des chefs ou du Trésor.

Autre détail intéressant : la pesée de la poudre ou des pépites d'or se faisait dans des sachets en peau d'antilope joliment décorés appelés « *futuo* » qui les mettaient à l'abri du vent et en facilitaient la circulation.

Dans la confédération ashanti, les sachets avaient les valeurs suivantes[15] :

- le *pesewa*,
- le *dama*,
- le *simpuwa*,
- le *kokuwa*,
- le *teku*,
- le *suwa-fa*, et
- l'*archi*.

Le *pesewa* était la plus petite unité monétaire, tandis que l'*archi* était non pas la plus grande, mais l'unité à laquelle on se référait le plus souvent après le *pesewa*. Les équivalences établies plus tard entre ces unités monétaires et celles du Royaume-Uni montrent qu'un *pesewa* pouvait être égal à un penny, et l'*archi* à quatre shillings six pences.

3. Utilisation des cauris dans les échanges

Les cauris constituaient le deuxième instrument de paiement de ces communautés. D'ailleurs, ils étaient utilisés dans toute l'Afrique noire.

Il existait deux espèces de cauris : les marginelles, qui sont d'origine africaine, mais moins utilisées, et les cyprées, originaires des Iles Maldives de l'océan Indien et des côtes Malabar de Bornéo. Leur principal centre de diffusion dans le monde était le Bengale. De là, ils transitaient par l'Afghanistan pour être acheminés en Perse et en Europe. Mais il est difficile de conclure que de l'Europe, les cauris aient été introduits en Afrique occidentale. Car selon une opinion qui persiste de nos jours, les cauris auraient été apportés dans cette région grâce aux relations commerciales que le Soudan entretenait avec l'Afrique de l'Est. Mais ce qui paraît certain, c'est que leur utilisation dans les échanges n'a commencé que plus tard, après

15 A. Mohammed, *The Early Exchange System in Ghana*, Bank of Ghana Quaterly Economic Bulletin, volume 5 n°1, mars 1965.

celle de l'or. Certains[16] avancent la date de 1850, ce qui nous semble invraisemblable, surtout si l'on sait que dès le XVe siècle, les navigateurs portugais s'en servaient déjà dans leur commerce avec certaines villes de la côte du Bénin, où les cauris connurent une grande popularité. Les marchands européens les utilisaient surtout pour acheter de l'huile de palme. C'est pourquoi le développement des exportations d'huile de palme qui se produisit au XVIIe siècle fut-il attribué à la large diffusion des cauris dans la partie centre-sud du Ghana. La popularité dont ils jouissaient provenait en fait et en grande partie du besoin longtemps ressenti par les membres des communautés ethniques d'avoir un moyen de paiement plus commode, et qui répondrait aux exigences du petit commerce que la trop grande valeur de la poudre d'or entravait énormément. D'autre part, les cauris leur permettaient d'échapper un tant soit peu au contrôle des chefs, dans la mesure où ils représentaient une unité de compte uniforme que l'on pouvait facilement utiliser dans les autres communautés pour se procurer des biens dont on avait besoin.

Pour rendre leur circulation plus pratique, les cauris étaient engrenés à des ficelles. Selon les régions et les groupes ethniques, on trouvait des ficelles de 20, 30, 40 à 50 cauris. Il fallait un certain nombre de ficelles pour constituer une unité de compte plus grande. Chez les Éwé par exemple, la plus grande unité, *ta deka*, était composé de cinq ficelles de 20 cauris. Comme on pouvait s'y attendre, la popularité des cauris avait stimulé l'augmentation de leur nombre dans les

[16] Andrew Swanzy écrit dans son *Report of Select Committee on Africa (Western Coast)* (London, 1865), que lorsqu'il vint en Afrique en 1844, les cauris n'étaient pas en circulation. Un autre rapport, *The Gold Coast Colony Blue Book*, soutient que c'est en 1850 que 150 tonnes de cauris furent importées dans le pays. Par contre, Henry Heridith, dans son livre *An Account of the Gold Coast of Africa* (1812), dit que les cauris et l'or constituaient depuis longtemps les moyens d'échange dans la zone correspondant à l'actuel Ghana.

échanges, si bien qu'au fil des années, cet accroissement provoqua leur dépréciation.

En 1812, 8 000 cauris valaient une livre sterling, alors qu'en 1909, il en fallait 40 000 pour avoir une livre[17]. Cette dépréciation ne se produisit pas sans rendre les cauris encombrants et gênants pour le commerce qui, avec la colonisation, se développait rapidement. Aussi furent-ils démonétisés et progressivement remplacés par de véritables pièces de monnaie d'origine étrangère.

B- Circulation des pièces étrangères au Ghana

Vers 1800 circulaient au Ghana, ainsi que dans le reste de l'Afrique occidentale, une multitude de pièces de monnaie d'origine étrangère. Les plus connues étaient les pesetas espagnoles (doublon et dolla). Mais la révolte des colonies espagnoles en 1870 devait mettre fin à l'offre des pesetas, et les pièces en stock furent découpées en quatre morceaux pour répondre aux besoins du commerce, coupures qui furent retirées plus tard de la circulation.

Les francs français (le napoléon et le franc) y circulaient aussi. Alors qu'en 1852, les pièces en or des États-Unis avaient cours légal dans le pays, ainsi que les francs suisses, belges et italiens en 1874, la monnaie britannique eut du mal à s'introduire. Une première tentative faite en 1825 pour l'imposer comme seule monnaie légale échoua. Il fallut attendre 1880 pour qu'elle s'imposât comme telle.

Si l'or, les cauris et les pièces étrangères ont amorcé la monétisation de ce qu'était l'économie des communautés ethniques de la région, il faut reconnaître que l'histoire d'une monétisation véritable n'a commencé qu'au début du XXe siècle, avec la création par l'administration coloniale du système du *Currency Board*.

---

[17] Dr A. Mohammed : opus cité.

SECTION II
Le Ghana dans le *West African Currency Board*

Créé en 1912, le *West African Currency Board* fut le premier du genre de tout le Commonwealth. Les autres *Currency Boards* créés par la suite, tels que l'*East African Currency Board* (1919), le *Southern Rhodesia Currency Board* (1939) et le *Central African Currency Board* (1954), étaient calqués sur son organisation et le fonctionnement de ses mécanismes.

1. Organisation

Le *West African Currency Board*, qui a pratiquement cessé d'exister aujourd'hui, concernait les quatre colonies britanniques de l'Ouest africain : la Gold Coast (Ghana), le Nigeria, la Sierra Leone et la Gambie.

À vrai dire, le *West African Currency Board* était un conseil qui avait son siège à Londres et qui fonctionnait par l'intermédiaire d'un secrétaire permanent nommé par le Secrétaire d'État aux colonies. Les autres membres du conseil, qui représentaient chacune des institutions suivantes : le *Colonial Office*, les *Crowns Agents*, la Banque d'Angleterre, étaient également nommés par le Secrétaire d'État aux colonies. À ces représentants, il faut ajouter celui du Trésor de la Grande-Bretagne, qui en était membre honoraire.

2. Fonctionnement

Contrairement à ce que l'on pourrait penser de prime abord, le *West African Currency Board* n'était pas une banque d'émission. Il n'avait ni le pouvoir, ni le droit de formuler une politique monétaire dans les pays où il opérait. C'était plutôt une espèce d'office de change qui « émettait », si l'on peut dire, une monnaie purement représentative, c'est-à-dire intégralement gagée par des livres sterling. En effet, la monnaie ouest-africaine, le *West African Pound*, n'était émise qu'en contrepartie des avoirs liquides en sterlings que le *West African Currency Board* détenait dans ses comptes à Londres. Inversement, il fournissait des sterlings puisées dans ses avoirs contre la monnaie ouest-africaine qui lui était présentée.

Bien que le taux de change du sterling et de la monnaie ouest-africaine fût en principe constitutionnellement déterminé par les autorités centrales de la Grande-Bretagne, en fait, c'était sur les instructions administratives du Secrétaire d'État aux Colonies qu'il était fixé. Ce taux était d'une livre sterling pour une livre ouest-africaine. Toutefois, le *Board* percevait une petite commission sur les changes, ce qui lui permettait de couvrir une partie de ses frais d'administration, d'ailleurs relativement faibles.

Si, dans tout l'Ouest africain, seule la *Bank of West Africa* avait été autorisée par le *Colonial Office* à émettre sur place cette monnaie ouest-africaine, cette possibilité avait exceptionnellement été accordée à la *Barclays Bank* (DCO)[18] du Cameroun, alors sous mandat britannique.

En pratique, le *West African Currency Board* devait toujours détenir à Londres – dans une proportion de 110 % – des avoirs en sterlings afin d'assurer d'une façon automatique la convertibilité de la monnaie ouest-africaine. La couverture minimale prévue par les statuts était de 100 %. Mais en fait, le *Board* ne payait aucun bénéfice aux pays membres si la couverture de 110 % n'était pas atteinte. Précisons qu'il s'agissait des bénéfices qui provenaient des placements des avoirs en sterlings de ces pays sur le marché financier de Londres.

En 1950, ces profits représentaient un montant total de 1,405 million $. Sur ces bénéfices, le *Board* avait prélevé

[18] Barclays Bank DCO est la succursale pour les Dominions et colonies d'Outre-mer : *Dominiums*, *Colonies Overseas.*

400 000 $ pour les distribuer aux pays membres. Le solde, soit 1,005 million $, s'ajoutait aux réserves de change du *Board*.

Depuis 1912, le montant total des bénéfices payés aux quatre pays du *West Africain Currency Board* représentait un total de 7,9 millions $. Cependant, il convient de noter qu'étant donné que la monnaie ouest-africaine émise ne lui revenait pas toute d'un seul coup, il n'était pas nécessaire que le *Board* gardât par-devers lui la totalité de ses avoirs en sterlings pour effectuer les conversions, une grande partie de cette monnaie étant toujours indispensable pour faire sur place et d'une façon permanente le paiement et les transactions commerciales.

TABLEAU N° 4
Bilan du *West African Currency Board* au 30 juin 1950

ACTIFS	**En milliers de livres sterling**
Investissements aux prix du marché (*Investment at market prices*)	65 058
Montant en dépôts (*Amount on deposit*)	6 000
Encaisse (*Cash on hand at banks*)	661
Pièces d'argent à leur valeur faciale (*Silver coins in currency centers at face value*)	5
Compte de réserves (*Suspense accounts*)	11
TOTAL	**71 735**
PASSIF	
Monnaie ouest-africaine en circulation (*West African Currency in circulation*)	66 277
Moins les pièces d'argent à leur valeur de marché (*Less market value of silver coins*)	636
TOTAL	**65 641**
Surplus des actifs sur les passifs	6 094
TOTAL	**71 735**

Source : FMI Staff Papers vol. II

Profitant ainsi de cela, et aussi du fait que son siège se trouvait à Londres, un des plus grands centres du monde pour les transactions financières, le *Board* faisait des placements en achetant des titres avec les avoirs en sterling qu'il détenait. Et lorsque les circonstances l'obligeaient à revendre ces titres, il trouvait un marché toujours prêt. Soulignons que deux points importants règlementaient cette politique d'investissement :

a) Les investissements n'étaient strictement effectués qu'en valeurs sûres, c'est-à-dire que le *Board* ne pouvait acheter que les titres qu'il pourrait revendre le cas échéant. Or, la garantie d'une valeur sûre dépend de l'organisme ou de l'institution qui l'a émise. Aussi, le Secrétariat d'État, et plus tard, les statuts de 1949, lui faisaient obligation de ne souscrire qu'aux valeurs émises par les gouvernements du Commonwealth, à l'exception de celles émises par les gouvernements des pays membres du *Currency Board.* Autre raison : éviter que la monnaie ouest-africaine soit émise pour financer les dépenses publiques des gouvernements ouest-africains.

b) Une partie des bénéfices réalisés par le *Board* sur ses placements était réinvestie dans l'achat de nouvelles valeurs, tandis que l'autre était redistribuée aux pays membres sous forme de dividendes. Ainsi que nous venons de le noter, cette redistribution ne pouvait intervenir que si la couverture de 110 % était atteinte.

Il est indéniable que le *West African Currency Board* présentait de grands avantages pour les pays membres. Il leur fournissait une monnaie aussi bonne que le sterling, puisque sa convertibilité en sterling était assurée à 100 %, et que sur le plan international, le sterling lui-même était considéré comme une des devises les plus fortes. Le système était d'un fonctionnement peu coûteux, et les bénéfices de ses placements permettaient aux gouvernements des pays membres de couvrir une bonne partie de leur budget de fonctionnement.

Mais ces avantages ne doivent pas cacher pour autant les inconvénients du système, et des reproches et objections sévères lui furent souvent adressés.

En effet, en faisant dépendre le volume de la circulation fiduciaire de la balance des paiements de ces pays, leur économie était par là-même vouée à suivre les fluctuations de cette balance, de sorte que ces pays ne pouvaient pas avoir un contrôle effectif sur leur économie.

En investissant leurs avoirs en sterlings dans d'autres pays, le *Board* les a certainement privés des moyens de financement nécessaires à leur développement.

En outre, la règlementation interdisant au *Board* de faire des placements en valeurs émises par les gouvernements des pays membres sous prétexte que leurs difficultés financières pourraient entraîner l'instabilité de ces valeurs, et mettre par conséquent le *Board* dans l'impossibilité de les liquider le cas échéant, semble avoir été un peu trop rigide.

Autre critique importante : l'immobilisation d'une quantité importante de devises en sterlings, qui auraient été mieux utilisées en importations d'outillage, au moins pour une certaine partie, le gage monétaire n'ayant nul besoin d'être à 110 %.

Ces reproches devaient amener la Grande-Bretagne à accepter en 1954 deux propositions de modification du système afin qu'il puisse répondre au mieux aux exigences de la demande en monnaie et en capitaux des pays membres. Ces propositions sont notamment :

- le transfert du siège du *Board* en Afrique de l'Ouest afin de donner aux Africains l'occasion d'acquérir l'expérience de l'émission et de la gestion monétaire sur une base purement africaine ;

- le placement des avoirs en sterlings en valeurs ouest-africaines.

Mais ces propositions ne devaient jamais être mises en vigueur avant l'indépendance de ces pays. En 1970, le *West African Currency Board* se réduit à un seul pays : la Gambie.

TABLEAU N° 5
Titres détenus par le *West African Currency Board* en 1950

ACTIFS	**En milliers de livres sterling**
Échéance à 5 ans : Australia, Perak River Hydro-electric Power Co, Railways Finance Corporation, National War Bonds, Exchequer Bonds	28,8
Échéance à 6-10 ans : London Electric Transport Finance Co New Zealand, National War Bonds, Funding loan, National Defense Loan, Australia, War loans	19,7
Échéance à 11-15 ans : Jamaica, Funding Loan, National War Bonds Assented, Southern Rhodesia, Ceylon, Savings Bonds	9,4
Échéance à 16 ans et plus : Funding Loan, Savings Bonds, Sudan, Savings Bonds, War Loan	7,1
TOTAL	**65,0**

Source : FMI Staff Papers 1952 vol. II

SECTION III
Rapports de Paton et de Sir Cecil Trevor[19]

A – Difficultés financières des Africains et Rapport Paton

Avant 1952, il n'y avait que deux banques privées britanniques au Ghana : la *Bank of West Africa* et la *Barclays Bank* (DCO). Ces banques s'étaient surtout spécialisées dans les opérations d'import-export, de sorte que l'activité bancaire se limitait, en gros, au secteur moderne de l'économie dominée par les grandes sociétés de traite, dont notamment l'*United West Africa Company Ltd*, la *John Holt-Bartholomey* et la *GB Ollivart*. Il y avait très peu d'activités commerciales et industrielles dans la communauté africaine, car les crédits bancaires nécessaires à leur développement étaient très difficiles à obtenir.

La *Bank of West Africa* et la *Barclays Bank* avaient des appréhensions quant à la solvabilité des Africains qui, manifestement, n'avaient aucune expérience en matière bancaire. Même l'*Industrial Development Corporation* (IDC), créée pour fournir des crédits aux Africains désirant établir des affaires ou des industries, exigeait des garanties et des conditions qui, en définitive, rendaient ces crédits très onéreux. Quant aux agriculteurs, ils avaient deux sortes de problèmes à résoudre : les problèmes à court terme de subsistance, et les problèmes à long terme de main-d'œuvre et d'équipements nécessaires aux travaux champêtres. Pour se procurer ces fonds, ils s'adressaient aux

---

[19] Paton et Sir Cecil Trevor étaient des fonctionnaires du gouvernement du Royaume-Uni.

brokers[20], aux coopératives et aux prêteurs en hypothéquant leurs terrains, maisons et champs. Soulignons que ces fonds étaient obtenus à des taux d'intérêt usuraires s'élevant parfois à 50 %, surtout lorsqu'il s'agissait de prêteurs. Ceci les empêchait évidemment, lorsque les récoltes étaient mauvaises ou lorsque les prix de leurs produits n'étaient pas rémunérateurs, de rembourser leurs dettes et de récupérer leurs champs ou terrains. Il faut dire que ceux qui pratiquaient le petit commerce ou le commerce de détail avaient eux aussi souvent recours aux usuriers.

Au lendemain de la seconde guerre mondiale, avec l'éveil du nationalisme, les critiques et les reproches formulés à l'égard du système colonial n'avaient guère épargné l'organisation et la politique bancaire dans le pays. Les hommes politiques de l'époque avaient réclamé avec insistance la création d'une banque nationale pouvant répondre aux aspirations et aux besoins des Africains.

En 1948, le gouvernement de la Grande-Bretagne confia à M. Paton la mission de mener sur place une enquête sur le bien-fondé de ces critiques et revendications. Dans son rapport au gouvernement, ce dernier rejeta l'idée de la création d'une banque nationale. Mais en revanche, il préconisa la création à titre expérimental d'une banque commerciale à laquelle le gouvernement devrait fournir les fonds et les capitaux nécessaires, en soulignant qu'une telle banque présentait à ses yeux « *une opportunité politique* ».

Insatisfaits des recommandations du rapport de Paton, les hommes politiques soulevèrent de nouveau et à plusieurs

---

20 Les *brokers* sont les acheteurs des produits ; ils servaient d'intermédiaires entre les producteurs et les compagnies d'achat.

reprises l'idée d'une banque nationale. Fin 1949, le Conseil législatif (*Legislative Council*)[21] proposa qu'une commission restreinte fût constituée pour examiner tous les aspects du problème de la création d'une telle banque.

Après avoir étudié les différents systèmes bancaires dans le monde, et plus particulièrement ceux des dominions, la commission suggéra au gouvernement de confier aux soins d'un expert l'étude du système bancaire qui conviendrait le mieux au pays.

B – Rapport de Sir Cecil Trevor

C'est sur la base de la recommandation de la commission restreinte du Conseil législatif que le sous-secrétaire d'État aux colonies, par une lettre en date du 9 mai 1951, nomma Sir Cecil Trevor pour entreprendre une nouvelle enquête pour le compte du gouvernement de la *Gold Coast.* Il avait pour mission « *d'examiner tout le système bancaire de la Gold Coast et, en particulier, le problème de la création d'une banque nationale dans une perspective commerciale et qui pourrait financer en même temps les projets de développement et servir aussi de banque de réserve* ».

En interprétant le contenu de cette lettre, Sir Trevor fit remarquer que le terme « banque nationale » signifiait à son sens, une banque « autochtone », ou, mieux « indigène », c'est-à-dire que « *cette banque sera une société de la Gold Coast, administrée par ses habitants et gérée de façon à répondre aux besoins des habitants de la Gold Coast* ». Quant à savoir si cette banque remplirait les fonctions d'une banque centrale d'émission et de dispensatrice de crédits, Sir Trevor souligne que *« c'est un problème qui devrait être examiné »* car il estimait que « *les moyens de financement des projets de développement d'un pays devraient être fournis par le gouvernement à partir de l'imposition et de l'émission de bons* ».

---

[21] C'est un conseil législatif qui, comme son nom l'indique, réunissait les notables du Ghana. Ce conseil n'avait pas de pouvoir législatif réel. Il était chargé de donner des avis au gouverneur sur certains problèmes législatifs.

Arrivé dans le pays le 10 juin 1951, Sir Cecil Trevor avait eu des discussions avec les hommes politiques de toutes les tendances, les chefs traditionnels, les hommes d'affaires, tant Africains qu'étrangers, et tous les départements administratifs intéressés. Il visita ensuite toutes les régions du pays pour se rendre compte d'une manière directe et concrète des conditions économiques et sociales qui y prévalaient.

Dans son rapport, présenté au gouvernement de la *Gold Coast* le 16 août 1951, il mettait l'accent sur l'opinion publique, qui souhaitait que pour le développement économique du pays, fût créée une banque centrale d'émission pouvant conserver les réserves en or du pays, émettre sa propre monnaie et jouer le rôle de banquier pour les autres banques. Elle devrait en outre assumer les fonctions d'une banque à tout faire qui fournirait des crédits à court, moyen et long terme au gouvernement pour la réalisation de ses projets de développement, ainsi qu'aux planteurs, commerçants et industriels africains, contre des garanties en terrains ou autres.

Du reste, le sentiment qui prévalait était que le système bancaire, tel qu'il était organisé, ne favorisait, au détriment des Africains, que les Européens, Libano-Syriens et Indo-Pakistanais. Ainsi, Sir Trevor confirmait une fois de plus « *l'opportunité politique* » des revendications des Africains, et recommanda la création d'une banque commerciale qui relèverait du gouvernement, en rejetant toutefois l'idée d'une banque centrale, car selon lui, les conditions du pays n'exigeaient pas encore la création d'une telle institution.

SECTION IV
De la *Bank of the Gold Coast* à la *Bank of Ghana*

A – Difficultés de la mise en place de la *Bank of the Gold Coast*

Entre le moment où le rapport Trevor fut publié et le moment prévu pour la mise en application de ses recommandations, l'opinion sur la création d'une banque centrale n'avait guère changée, elle s'était au contraire cristallisée.

En effet, du fait de l'accession du Ghana au statut d'autonomie interne (le *Self-Government*), il était devenu clair que la création d'une banque à caractère purement commercial telle que le préconisait Sir Trevor n'aurait aucune chance d'être acceptée. L'initiative importante à prendre pour satisfaire l'opinion aurait sans doute été, à notre avis, de confier à cette banque commerciale une partie des opérations qui étaient jusque-là effectuées par le *West African Currency Board*, par exemple l'émission de la monnaie, et aurait constitué aux yeux des nationalistes ghanéens un transfert important de souveraineté ; de plus, on aurait pu donner à cette banque la possibilité de devenir progressivement le banquier du gouvernement, et de promouvoir ainsi un marché local de valeurs qui pourrait encourager les investissements et l'épargne.

Notons que même dans cette perspective-là, les problèmes auxquels les Ghanéens faisaient face n'auraient sans doute pas été complètement résolus, car il s'agissait en fait pour le nouveau gouvernement[22] de fournir aux commerçants, entrepreneurs et planteurs, dont la majorité ne disposait pas de garanties, des fonds et des crédits très importants.

Or, il est évident qu'une telle responsabilité, dans les limites d'une banque commerciale qui, éventuellement, pourrait assumer une partie des fonctions d'une banque centrale et de développement, comporterait de très grands risques. Il était à prévoir que beaucoup d'emprunteurs éprouveraient de grandes difficultés à rembourser la banque dans les délais prévus, ce qui ne manquerait pas de compromettre gravement le fonctionnement de la banque.

Face à ces problèmes, le gouvernement décida, malgré tout, de créer une banque commerciale à tout faire en prenant soin d'envisager, toutefois, la séparation des opérations à caractère purement commercial des opérations de crédits à moyen et à long terme. Il institua aussi deux systèmes de garantie afin d'assurer le recouvrement normal des crédits.

Tout d'abord, il créa le système dit de « crédits garantis » pour les clients qui auraient des propriétés foncières à donner en garantie.

Ensuite, il créa le Conseil de garantie, dont les membres se porteraient collectivement garants pour le recouvrement des crédits qui seraient consentis à tous ceux qui ne disposeraient pas de propriétés foncières à donner en garantie. Dans ces deux cas, la banque se bornerait tout simplement à gérer les fonds que le gouvernement mettrait à sa disposition, sans avoir à supporter les risques et les conséquences des opérations.

B – La *Bank of the Gold Coast*

Elle fut créée en octobre 1952 par une ordonnance de l'Assemblée législative, largement inspirée de celle qui avait créé la

---

[22] Il s'agit du *Business Government* formé par le Dr Kwame Nkrumah lorsque la Gold Coast acquit son statut de *Self-Government*.

Banque Impériale de l'Inde (*Imperial Bank of India*) et qui contenait des clauses spécifiques sur les opérations qui sont permises à la banque et celles qui lui sont interdites dans ses relations avec le public. En revanche, la clause sur les rapports de la banque avec le gouvernement n'était pas assez explicite ; elle stipulait notamment que « *la banque peut faire toutes les transactions et n'importe quelle autre activité que le gouvernement pourrait de temps en temps lui demander d'accomplir* », et était en effet assez extensive pour couvrir toutes les activités ou entreprises dans lesquelles le gouvernement aimerait s'engager. Elle devait d'ailleurs être largement exploitée par la suite.

L'ordonnance entra en vigueur en février 1953, et les opérations de la banque ne commencèrent effectivement que le 20 mai 1953. Les quatre premières années furent consacrées à la consolidation de ses structures. Le Conseil d'Administration et la Direction s'étaient beaucoup préoccupés de la formation des cadres, d'un travail intense de publicité en vue de faire connaître la nouvelle institution à l'extérieur du Ghana, et procédèrent, par ailleurs, à la création d'agences dans tout le pays.

En 1954, sur proposition de la banque, qui s'était chargée de leur placement dans le public, le gouvernement émit des bons pour la première fois. En outre, elle proposa au gouvernement de se porter éventuellement acquéreur de ces bons au cas où leurs détenteurs voudraient les revendre. Cette opération aurait pu conduire à la création d'un véritable marché des valeurs. Mais l'évolution ultérieure nous montre que nous en sommes encore très loin. Des « bons à prime » avaient été aussi émis, mais ils ne furent pas favorablement accueillis, et on dut les retirer.

En 1955, on commençait à penser à émettre des billets de banque indépendants de ceux du *West Africain Currency Board* et qui auraient cours légal au Ghana. Mais en 1956, la situation politique changea considérablement ; le Parti de la Convention du Peuple, qui venait alors de gagner les élections générales, pensait que le Ghana étant à quelques mois de son indépendance, il faudrait purement et simplement créer une véritable Banque centrale et laisser à la compétence de la *Bank of the Gold Coast* toutes les opérations de crédit à court, moyen ou long terme.

Chapitre I

LES NOUVELLES INSTITUTIONS MONETAIRES DU GHANA : MONNAIE ET BANQUE CENTRALE

L'histoire de la monnaie nationale et de la Banque centrale du Ghana (la *Bank of Ghana*) commence cinq jours avant l'accession du Ghana à l'indépendance. En effet, c'est une ordonnance royale en date du 1er mars 1957 signée par Sir S.N. Arden Clark, alors gouverneur de la *Gold Coast*, qui porte création de la Banque du Ghana. Au Ghana, ainsi que d'ailleurs dans la plupart des nouveaux États indépendants d'Afrique, la création de la Banque Centrale est considérée comme l'un des attributs essentiels de la souveraineté nationale.

À ce propos, inaugurant la Banque centrale du Ghana, le ministre des Finances, Agbeli Komlan Gbedemah, déclara notamment que « *la création d'une Banque Centrale est un acte décisif dans la vie d'une nation. Elle est tout d'abord l'expression élémentaire de l'indépendance politique et économique d'un État moderne/ : elle est un attribut indispensable de la souveraineté, une composante même de l'État* ».

Il y eut pareilles déclarations dans la plupart des États africains en des circonstances semblables. Mais notons tout de suite que ce point de vue ne leur est d'ailleurs pas spécifique et exclusif, car dans les pays économiquement développés, la législation monétaire relève de la compétence des pouvoirs publics, et a été toujours considérée, ainsi que nous le rappelle Marcel Netter, comme étant « *la fonction la plus ancienne de toutes, la plus traditionnelle et la plus directement rattachée aux notions fondamentales d'indépendance nationale et de légitimité des institutions politiques, et il faut situer en première ligne la frappe de la monnaie métallique* », et il poursuit que « *le pouvoir de battre la monnaie a toujours été l'un des attributs premiers de la souveraineté* »[23].

---

[23] Marcel Netter, *Les Institutions monétaires en France*, Presses Universitaires de France, pp. 9-10, 1967.

En effet, le droit de battre la monnaie a de tout temps été un droit régalien, c'est-à-dire une prérogative réservée aux seuls souverains. Mais avec l'évolution politique et économique, et la constitution d'États beaucoup plus grands et modernes, ce droit a été délégué aux banques centrales et, dans certains pays, à des institutions particulières.

Outre cette délégation du droit régalien, soulignons ce qui fait la différence entre une banque centrale et les autres institutions bancaires et financières, afin de préciser la mission qu'elle est appelée à accomplir dans les nouveaux États indépendants d'Afrique en général, et du Ghana en particulier.

La Banque centrale se distingue des autres institutions bancaires par les relations particulières qu'elle entretient avec les pouvoirs publics, le contrôle et l'influence qu'elle exerce sur l'ensemble du système bancaire et de la vie économique d'un pays. L'importance de ces relations et de cette influence dépend d'une part du niveau de développement du pays, et d'autre part, des objectifs économiques et sociaux que les pouvoirs publics se proposent d'atteindre.

Dans les pays développés, où les infrastructures économiques et sociales sont déjà en place, et qui sont par ailleurs dotés d'un système monétaire et bancaire déjà bien organisé, la Banque centrale jouit vis-à-vis des pouvoirs publics d'un degré d'autonomie plus grand, et se consacre, pour l'essentiel, aux problèmes de stabilisation monétaire et économique, c'est-à-dire qu'elle joue en somme un rôle régulateur dans la vie économique.

Dans les nouveaux pays indépendants d'Afrique, du fait de l'existence d'un large secteur d'économie de subsistance[24] et de l'insuffisance de l'épargne privée nationale dans le secteur d'économie moderne contrôlé par les Africains, il apparaît que le rôle économique de l'État s'avère être une nécessité primordiale ; et ce rôle, il ne peut l'assumer qu'en ayant recours, d'une

---

[24] Voir chapitre III sur les problèmes théoriques posés par l'organisation du système monétaire et bancaire.

manière directe ou indirecte, au système bancaire, et plus particulièrement, à la Banque centrale. En effet, celle-ci doit l'aider :

- à la mise en place et au développement des institutions bancaires et financières capables de répondre aux besoins d'investissement du pays ;
- à la transformation de l'économie de subsistance en une économie moderne ;
- à la promotion du développement économique ;
- et à la prévention des fluctuations économiques et monétaires liées aux déséquilibres de la balance des paiements.

Dans ce contexte, il est évident que l'emprise de l'État sur la Banque centrale dans ces pays sera inévitable, et le sera aussi longtemps que le rôle économique de l'État sera prépondérant. Mais c'est à l'examen des statuts de la *Bank of Ghana* qu'il est possible de dégager l'importance et le rôle d'une Banque centrale dans un nouvel État indépendant d'Afrique et ses rapports avec les pouvoirs publics.

Toutefois, nous devons au préalable définir la monnaie ghanéenne par rapport aux autres monnaies.

SECTION I
Textes régissant la monnaie ghanéenne et définition

A- Les textes

Comme nous l'avons souligné précédemment, c'est l'ordonnance royale n° 34 (*Bank of Ghana Ordinance*) du 1er mars 1957 qui établit la Banque du Ghana. Et c'est le 1er août, cinq mois après la promulgation de cette ordonnance, qu'elle commença ses opérations. Il fallut entretemps mettre en place l'appareil administratif qui se chargerait de sa gestion, et aussi procéder au transfert des fonds et compétences qui étaient respectivement gérés et exercées par le *West African Currency Board*.

Telle qu'elle était conçue, l'ordonnance de 1957 créait un système monétaire qui n'était guère différent du *Currency Board*. L'objet principal de la Banque consistait à émettre et à retirer les billets et pièces de monnaie en fonction des réserves en sterlings dont disposait le Ghana. Le système fonctionnait en somme sur la base de ce qu'on appelait le *Sterling Standard*. Toute la monnaie ghanéenne en circulation devait être gagée à 100 % en sterlings.

Tant que le Ghana disposait d'importantes réserves en sterlings, l'offre de monnaie à l'intérieur était élastique, et le système ne présentait à vrai dire aucun inconvénient. Mais en 1961, à cause du second plan de développement (*Consolidated Development Plan*) qui exigeait un financement important tant en monnaie nationale qu'en devises étrangères, le gouvernement détacha la monnaie ghanéenne du sterling. Par un amendement de ses statuts en date du 8 novembre 1961, il autorisa la Banque à avoir une ouverture plus large sur l'extérieur, à savoir qu'elle était autorisée à accepter les effets et valeurs portant deux signatures solvables émis en toutes monnaies convertibles, ou des valeurs émises par des gouvernements autres que celui du Ghana, et exprimées en n'importe quelles devises convertibles. La même année, quelques mois auparavant, la loi n° 71 en date du 5 juillet 1961 avait établi un contrôle des changes afin de canaliser vers la Banque du Ghana toutes les devises étrangères. Cette loi stipulait que « *tous les paiements à l'étranger doivent être approuvés par la Banque du Ghana* » et que « *toute personne, à savoir les particuliers, les sociétés ou toute organisation opérant sur le territoire du Ghana et disposant des fonds à l'étranger doit les déclarer et les mettre à la disposition de la Banque du Ghana* ». Ce contrôle des changes était appliqué aussi bien aux pays membres de la Zone sterling qu'aux pays n'en faisant pas partie.

Mais à vrai dire, toutes ces mesures n'incitaient pas la Banque à jouer un rôle dynamique dans le développement économique au sens où le gouvernement l'entendait. Tout au plus contribuaient-elles à mieux suivre les mouvements de la balance des paiements et maintenir celle-ci, ainsi que nous le verrons, dans des limites raisonnables pendant un temps donné.

En 1963, après le fameux congrès de *Work and Happiness*[25] du Parti de la Convention du Peuple, tenu un an plus tôt à Kumasi, de profonds changements intervinrent dans l'orientation politique et économique du Ghana. Le gouvernement, en lançant à cet effet un plan septennal de développement, estimait par ailleurs que la Banque du Ghana, telle qu'elle était établie par l'ordonnance royale de 1957, fonctionnait selon les principes de l'orthodoxie financière, et ne pouvait, par conséquent, répondre aux exigences de ce plan.

---

[25] La politique du *Work and Happiness* existait déjà depuis 1960, mais c'est au congrès de la Convention du Parti du Peuple qu'elle a reçu une définition rigoureuse.

La Banque du Ghana fut donc dotée de nouveaux statuts par la loi n° 182 en date du 14 mai 1963. C'est sur la base de ces statuts, qui furent amendés à deux reprises, en 1965 et en 1967, que nous étudierons les structures de la Banque du Ghana, et le rôle qu'elle est appelée à jouer dans l'économie ghanéenne.

B – Le régime monétaire du Ghana par rapport au système monétaire international

Le régime monétaire du Ghana a considérablement évolué entre 1952 et 1967. Bien que la Banque du Ghana ait commencé ses opérations le 1er août 1957, ce n'est qu'un an plus tard, le 14 juillet 1958, que la nouvelle unité monétaire, la livre ghanéenne, fut mise en circulation. Entretemps, la livre ouest-africaine continuait à circuler, et ne sera complètement démonétisée que le 30 juin 1959.

C'est l'article 10 des statuts de 1957 qui définissait que la livre ghanéenne était définie par rapport à la livre sterling et avait la même parité qu'elle. Même lorsque le gouvernement supprima en 1961 sa couverture exclusive en sterlings, cette parité fut toujours maintenue.

Du fait de l'adhésion du Ghana au Fonds Monétaire International (FMI), les nouveaux statuts de la Banque de 1963 expriment la valeur de la livre ghanéenne en or ; une livre ghanéenne (£ G) équivaut à 2,48828 gr d'or fin. En effet, l'article IV de la Charte du Fonds stipule que « *le pair de la monnaie de chaque État membre sera exprimé en or pris comme commun dénominateur, ou en dollars des États-Unis d'Amérique du poids et du titre en vigueur au 1er juillet 1944* » ; l'adhésion du Ghana au FMI a ceci d'important qu'elle marque en fait l'indépendance complète de la monnaie ghanéenne vis-à-vis du sterling.

Aujourd'hui, l'appartenance du Ghana à la Zone sterling n'est plus que purement théorique, car ses relations avec cette zone se situent sur le plan des échanges commerciaux plutôt que sur le plan monétaire[26]. La Zone sterling n'accorde aucune garantie à la monnaie des pays qui en sont membres comme c'est le cas pour la Zone Franc, où le Compte d'opérations français accorde sous certaines conditions la garantie d'une convertibilité illimitée en francs français de la monnaie des pays membres[27].

En 1965, revenant sur les recommandations d'une commission nommée en 1960 par le ministre des Finances pour étudier les possibilités et les conditions de la mise en place d'un système monétaire basé sur une dénomination décimale de la monnaie ghanéenne, le gouvernement procéda à un amendement de l'article 14 des statuts de 1963, et introduisit une nouvelle unité monétaire : le cedi (¢), lui-même divisé en cent *pesewas*, la parité du cedi étant définie par rapport à l'or avec une équivalence de 1,03678 gr d'or fin.

Cependant, lors du retrait de la livre ghanéenne de la circulation entre juillet 1965 et décembre 1966, la conversion se fit sur la base d'un cedi (1 ¢) pour 8 shillings 4 pence (8/4).

Un an après le coup d'État militaire qui avait renversé le régime de la Convention du Parti du Peuple (CPP), tous les cedis qui portaient l'effigie de l'ancien président Kwame N'Krumah furent retirés de la circulation et remplacés le 23 février 1967 par le nouveau cedi (N ¢).

Notons ici qu'en raison des difficultés qu'éprouvaient les ruraux dans les conversions du fait du passage de la livre ghanéenne (dont les subdivisions étaient basées sur celle de la livre sterling) au cedi (dont les subdivisions sont décimales), le gouvernement profita du retrait des anciens cedis pour procéder à

---

[26] Étant donné que politiquement, il fait partie du Commonwealth, le Ghana n'a en principe pas quitté la Zone sterling. Une partie de ses réserves sont aussi conservées en sterlings. Mais depuis la dévaluation de la livre sterling en novembre 1967, le Ghana cherche de plus en plus à détenir ses réserves en dollars des États-Unis d'Amérique.

[27] Cf. Michel Leduc, *Les Institutions Monétaires Africaines - Pays Francophones*, pp. 192-194, Éditions A. Pedone, 1965.

un nouvel ajustement qui consistait à donner au nouveau cedi la valeur des billets de 10 shillings auxquels les gens étaient plus habitués pendant l'époque coloniale et jusqu'en 1966.

Mais sur le plan des relations extérieures, la valeur du nouveau cedi reste inchangée, c'est-à-dire qu'un nouveau cedi s'échange toujours, comme l'ancien, sur la base de 8 shillings 4 pence.

Le fait le plus marquant de l'histoire monétaire du Ghana est sans doute la dévaluation de 30 % du nouveau cedi le 8 juillet 1967. Cette dévaluation, qui s'inscrit dans le cadre de la politique du redressement économique que nous aurons l'occasion d'étudier dans la deuxième partie de notre étude, fixe le nouveau taux de change du cedi par rapport au sterling et au dollar, respectivement de 7 shillings et de 0,98 cents pour un nouveau cedi.

Mais le cedi, ainsi que le requiert la charte du FMI, reste toujours défini par rapport à l'or selon une parité de 0,870897 gramme d'or fin. Précisons que sur le plan intérieur, le nouveau cedi a gardé sa valeur de 10 shillings. Ainsi, l'unité monétaire sur laquelle seront fondées nos statistiques et analyses est le nouveau cedi (représenté par le symbole N ¢), qui a pratiquement la même valeur que le dollar des États-Unis d'Amérique.

SECTION II
La Banque du Ghana (*Bank of Ghana*)

A - Statut légal

Avant tout, la Banque du Ghana a été conçue dans le souci de la soustraire à toute influence privée, aussi bien nationale qu'étrangère. Aussi est-il expressément spécifié à l'article 4 de ses statuts que ses 20 millions N ¢ de capital doivent être entièrement souscrits par le gouvernement du Ghana.

D'autre part, ainsi que nous le verrons, les membres de son Conseil d'Administration sont choisis de manière à ne représenter que l'intérêt général.

Ayant donc à jouer un rôle dans l'intérêt public en général, les relations entre les organes administratifs de la Banque et les pouvoirs publics sont telles qu'elle ne jouit que d'une autonomie partielle vis-à-vis de ces derniers. S'il est dit dans les statuts que la Banque « *est une personne morale de durée illimitée, non soumise aux dispositions législatives régissant les sociétés privées et les établissements publics, ayant une autonomie financière et pouvant signer tout contrat compatible avec sa bonne gestion* » il n'en reste pas moins que toutes les décisions concernant la politique monétaire et de crédit ne sont prises qu'après avis ou agrément du ministre des Finances

B - Organisation

L'administration et la direction de la Banque sont confiées à un Conseil d'Administration et à un gouverneur assisté d'un vice-gouverneur.

1. Le Conseil d'Administration

a) Composition

Jusqu'au 14 mai 1963, le Conseil d'Administration de la Banque comprenait sept membres : le gouverneur, le vice-gouverneur et cinq administrateurs, nommés par le ministre des Finances après approbation du Président de la République. Mais depuis, le Conseil a été élargi et comprend aujourd'hui onze membres :

- le gouverneur ;
- le vice-gouverneur ;
- trois administrateurs, dénommés « *directeurs exécutifs* » et choisis parmi les cadres supérieurs de la Banque par le ministre des Finances après avis du gouverneur ;
- six autres administrateurs – ceux-ci ne faisant pas partie des cadres dirigeants de la Banque – nommés pour une durée de trois ans par le ministre des Finances après approbation du Président de la République.

Soulignons que contrairement à ce qui se passe dans la plupart des pays, les membres du Conseil d'Administration sont choisis parmi toutes les catégories sociales et professionnelles, et surtout en fonction de leurs qualités et réputation personnelles, de façon à ne représenter l'intérêt d'aucun établissement privé ou groupe social.

b) Attributions

Le Conseil trouve ses fonctions définies d'une façon éparpillée dans les statuts. Mais en procédant à un regroupement, on s'aperçoit que c'est lui notamment qui :

- arrête les règlements d'ordre intérieur de la Banque (organisation des divers départements, nomination des cadres supérieurs, fixation des salaires et élaboration de la discipline) ;
- détermine la compétence et la responsabilité administrative du gouverneur et du vice-gouverneur ;

- fixe la forme et les caractéristiques des coupures de billets et pièces de monnaie qui seront mis en circulation ;

- donne pouvoir aux agents de signer au nom de la Banque ;

- nomme un censeur permanent qui vérifie les comptes de la Banque ;

- détermine le montant de l'amende que doivent payer les banques qui ne respectent pas les prescriptions des coefficients de liquidités que prévoit la règlementation bancaire ;

- prescrit, après avis du ministre des Finances, le taux d'intérêt à percevoir sur les avances consenties au gouvernement, et

- présente au gouvernement un rapport sur la gestion et les opérations de la Banque à la fin de chaque année budgétaire.

Dans l'exercice de ses fonctions, le Conseil prend toujours ses décisions à la majorité simple, et le quorum requis pour que ses délibérations soient valables est de six membres, dont nécessairement deux administrateurs n'étant pas des directeurs exécutifs, c'est-à-dire choisis parmi les cadres supérieurs de la Banque. D'après ses attributions, il apparaît que le Conseil est l'organe de gestion suprême de la Banque.

2. Gouvernement de la Banque

La direction des affaires courantes de la Banque est confiée par le Conseil d'Administration au gouverneur et au vice-gouverneur, qui sont nommés par le Président de la République pour une période de cinq ans, terme auquel ils peuvent être reconduits. Pour les choisir, on tient compte de leurs qualités personnelles ainsi que de leurs compétences en matière monétaire et bancaire. Pour sauvegarder leur indépendance, les statuts stipulent que « *leur fonction est incompatible avec un mandat législatif, et que pendant l'exercice de leur fonction, il leur est interdit d'accepter un emploi, rémunéré ou non* ».

Ils peuvent toutefois :

- être membre, après approbation du Conseil d'Administration, d'une commission chargée par le gouvernement d'enquêter sur tout ce qui a rapport à la monnaie et au système bancaire du pays ;
- être membre d'un autre Conseil d'Administration d'établissement public ou mixte, et ceci après le consentement du ministre des Finances.

Le gouverneur, ou en son absence le vice-gouverneur, préside les réunions du Conseil d'Administration et agit sous les directives arrêtées par ce dernier. Il est habilité d'autre part à signer au nom de la Banque tous les contrats ou conventions dont la Banque peut être amenée à être partie, et n'est responsable de ses actes que devant le Conseil d'Administration. Il faut noter qu'il existe un comité de direction qui aide le gouverneur dans l'exercice de ses fonctions, et qui prépare par ailleurs les réunions du Conseil d'Administration. Ce comité, qui n'a pas été prévu par les statuts de la Banque, comprend cinq membres : le gouverneur, le vice-gouverneur et les trois directeurs exécutifs.

C- Objet et opérations de la Banque du Ghana

1. Objet

Ainsi que nous l'avons évoqué au début de ce chapitre, dès 1963, le gouvernement voulut, par un plan septennal, s'engager résolument dans une politique de développement économique rapide. À ses yeux, la réussite de ce plan, qui mettait l'accent surtout sur le développement de l'agriculture et de l'industrie de transformation, dépendait d'abord et avant tout du concours financier de la Banque du Ghana.

Dans cette perspective, la Banque dut dépasser les fonctions traditionnelles d'une Banque centrale. Aussi, à part l'émission de monnaie, la règlementation bancaire et la stabilisation de la valeur de la monnaie par une action sur le mouvement des prix, la balance des paiements et les finances publiques, les statuts précisent que « *l'objet de la Banque du Ghana est d'orienter le crédit et le système bancaire en accord avec la politique économique du gouvernement* ».

Dans les textes mêmes du plan septennal, on demande à la Banque de porter son action sur les domaines :

- de la recherche économique ;
- de la gestion de la dette publique ;
- du financement des secteurs économiques les plus importants.

Il ressort de ceci que le gouvernement entend placer la Banque au cœur même de la vie économique du pays. Aussi cherchera-t-elle, entre 1963 et 1966, à répondre au maximum aux impératifs économiques définis par le gouvernement par une offre de monnaie très élastique.

2. Privilège d'émission et opérations génératrices d'émission de monnaie

a) Privilège d'émission

La Banque du Ghana a le privilège exclusif et illimité dans sa durée d'émettre les billets et les pièces de monnaie qui ont seuls cours légal au Ghana et pouvoir libératoire des billets sur l'ensemble du territoire. Ce pouvoir libératoire est en principe illimité, mais du fait de la fréquence de découverte de faux billets, surtout de valeur faciale élevée, les autorités monétaires décidèrent lors de la démonétisation de l'ancien cedi le 23 février 1966 de limiter ce pouvoir à dix nouveaux cedis (10 N ¢). Quant aux pièces, les statuts précisent à l'article 16 que leur valeur faciale ne doit dépasser en aucun cas vingt nouveaux cedis (20 N ¢). Dans la pratique, il n'existe pas de pièce dont la valeur soit supérieure à vingt *pesewas*. L'impression des billets et la frappe des pièces s'effectuent à la diligence de la Banque après avis du ministre des Finances. Précisons qu'il est créé au sein de la Banque un département, dit « *Issue Department* » (département d'émission), qui est chargé de l'émission.

b) Contreparties de l'émission

1°) Opérations sur or, devises et effets étrangers

Pour assurer la convertibilité de la monnaie ghanéenne vis-à-vis de l'extérieur, l'*Issue Department* a l'obligation de détenir une encaisse liquide composée de :

- pièces et lingots d'or ;
- devises convertibles ;
- bons de Trésor des gouvernements dont les monnaies sont convertibles ;
- effets revêtus de deux signatures solvables émis hors du Ghana, payables en devises étrangères et ayant trois mois à courir jusqu'à échéance ;
- titres émis par un gouvernement autre que celui du Ghana et dont la monnaie est convertible.

2°) Autres opérations génératrices d'émission de monnaie (opérations de crédit sur effets émis au Ghana)

Dans les limites de sa politique, la Banque peut consentir des crédits à court, moyen et long terme aux particuliers, aux établissements publics et privés et aux institutions publiques. Mais il convient de dire que dans la pratique, la Banque du Ghana n'entretient en général pas de relations directes avec les particuliers et les établissements privés. Celles-ci ne se font que par l'intermédiaire des autres institutions bancaires dans la mesure où pour parer à l'insuffisance de leur encaisse monétaire, elles ont recours à la Banque du Ghana en escomptant les effets privés qu'elles détiennent.

À ce propos, les statuts précisent que la Banque peut réescompter :

- les effets de commerce revêtus de deux signatures solvables émis à l'occasion des transactions commerciales et ayant une échéance de 90 jours ;

- les effets de commerce revêtus de deux signatures solvables tirés ou émis pour financer les opérations agricoles saisonnières ou pour la commercialisation des récoltes, et ayant 180 jours à courir jusqu'à l'échéance.

D'autre part, la Banque peut acheter des effets publics, notamment :

- les bons du Trésor ayant une échéance de 91 jours ;
- des titres émis par le gouvernement et ayant une échéance de vingt ans afin de fournir, soit au gouvernement, soit aux particuliers qui détiennent ces titres, des moyens de trésorerie.

Une partie de ces effets publics et privés, plus les effets étrangers, l'or et les devises étrangères, servent de couverture – ainsi qu'il ressort du tableau ci-dessous – à la monnaie en circulation. Au 30 juin 1968, le montant total de cette couverture s'élevait à 98 millions N ¢, dont 30 millions représentant la valeur des effets locaux.

Les opérations de crédit de la Banque du Ghana couvrent aussi l'escompte ou les avances sur effets au gouvernement, aux entreprises d'État et aux banques. L'importance de ces opérations ne cesse de croître depuis 1961.

En effet, de 7,1 millions N ¢ en 1961, leur niveau a atteint en 1967 89,8 millions N ¢. Mais l'on peut s'attendre à ce qu'avec la politique de redressement économique et monétaire du nouveau gouvernement, le niveau de ces avances tombe dans les années à venir. À cet égard, l'amendement des statuts en 1967 prévoit qu'à aucun moment, le montant des effets locaux – bons du Trésor, titres et effets commerciaux – ne doit dépasser 75 % de la monnaie en circulation.

c) Autzres opérations à caractère bancaire

La Banque du Ghana est sans doute l'institution qui apporte au gouvernement, tant sur le plan intérieur que sur le plan extérieur, le plus grand concours. Celui-ci, qui peut être envisagé sous deux aspects, consiste d'abord en la gestion d'un certain nombre de services que le gouvernement lui confie, et ensuite, au placement de la dette publique et à certaines opérations exceptionnelles de crédit.

Services

La Banque du Ghana est le seul banquier du gouvernement et des établissements publics au Ghana. Elle ouvre des comptes courants au nom du gouvernement et de ces établissements.

Dans le souci de mieux assurer la gestion de ces comptes, la Banque a créé un département dit « *Banking Department* » ou « Département bancaire ». Il s'occupe également des comptes que les autres banques et établissements financiers tiennent auprès de la Banque du Ghana, et effectue par ailleurs toutes les opérations de paiement, de perception, de recouvrement et d'envoi de monnaie, de lingots d'or et de valeurs mobilières pour le compte du gouvernement et des établissements publics. Aucune rémunération n'est perçue pour tous ces services. Il convient de préciser que les dépôts faits dans ces comptes ne portent aucun intérêt.

La Banque du Ghana, qui est l'agent fiscal du gouvernement, est aussi chargée du placement et de la gestion de la dette publique. Elle a créé à cet effet un bureau dit « *Public Debt Office* » qui s'occupe de l'émission et du retrait des titres et bons du Trésor du gouvernement. En l'absence d'un marché de valeurs, ce bureau joue en somme le rôle de marché pour les effets publics en mettant en contact les acheteurs et les vendeurs de titres du gouvernement. Au cas où le public est peu enclin à souscrire à ces titres, la Banque se charge de les acheter et les revend lorsqu'elle juge le moment favorable.

TABLEAU N° 6
Bilan de la Banque du Ghana de 1961 à 1967*

		1961	**1962**	**1963**	**1964**	**1965**	**1966**	**1967**
Couverture de la monnaie en circulation	Encaisse or	4,0	4,0	4,0	4,0	4,0	4,0	5,7
	Comptes en sterlings Bons de Trésor et autres Bons	4,1	4,7	33,1	6,1	51,6	55,0	69,8
	Titres du gouvernement du Royaume-Uni à 5 ans d'échéance	75,6	78,7	44,3	46,1	6,4	4,7	10,7
	Titres du gouvernement du Ghana	12,4	22,8	25,7	86,2	66,2	63,7	44,5
	SOUS-TOTAL	**96,2**	**110,1**	**107,1**	**142,8**	**128,2**	**127,4**	**130,7**
Titres actifs de la Banque	Titres du gouvernement du Ghana et autres Bons	1,1	12,6	15,0	1,5	1,4	33,6	74,8
	Autres actifs étrangers	1,9	10,3	16,7	4,8	1,6	1,7	6,0
	Prêts et avances	6,0	-	-	40,0	40,0	12,5	15,0
	Actifs fixes	1,0	0,8	0,8	0,7	0,4	0,3	0,2
	Autres actifs	6,8	24,4	40,3	89,1	257,9	204,6	206,9

	TOTAL DE L'ACTIF	**113,0**	**158,2**	**197,9**	**279,0**	**429,5**	**380,1**	**433,6**
Monnaie en circulation	Billets	85,1	98,7	95,4	129,6	115,8	117,4	122,4
	Pièces	11,1	11,4	11,7	13,2	12,3	10,0	8,3
	SOUS-TOTAL	**96,2**	**110,1**	**107,1**	**142,8**	**128,2**	**127,4**	**130,7**
Dépôts	Dépôts du gouvernement	6,5	8,8	8,4	7,9	16,2	7,8	3,6
	Dépôts des banques	3,2	10,1	9,4	27,2	8,4	67,6	67,4
	Autres comptes	3,7	9,3	17,7	11,2	15,2	18,6	58,8
Autres passifs	Capital	2,0	2,0	2,0	2,0	2,0	2,0	2,0
	Fonds général de réserve	1,2	2,0	2,4	2,8	3,3	3,8	4,8
	Autres passifs	0,2	15,8	32,9	85,1	216,2	159,9	166,3
	TOTAL DU PASSIF	**113,0**	**158,2**	**179,9**	**279,0**	**429,5**	**380,1**	**433,6**

* *En millions de cedis*

Source : Bank of Ghana, Report ot the Board for the Financial year ended 30th June, 1960

Avances

Contre remise des bons du Trésor[28] que celui-ci lui présente, la Banque accorde directement au gouvernement des avances le plus souvent destinées à l'exécution de budgets additionnels de financement de grands travaux et de construction d'entreprises d'État.

D'autre part, elle lui accorde aussi des avances temporaires pour l'aider à assurer à la trésorerie une certaine élasticité. Mais ne devant pas dépasser 10 % des recettes estimées du budget, et devant être remboursées trois mois avant la fin de l'année budgétaire, ces avances-là sont limitées tant en volume qu'en durée, même si, dans certains cas, lorsqu'il le juge nécessaire, le Président de la République puisse demander que ces avances soient portées à 15 %.

Mais lorsqu'elles ne sont pas remboursées, la Banque se réserve le droit de refuser toute nouvelle demande. Toutefois, du fait de l'autorité que les pouvoirs publics exercent sur elle, la Banque n'a jamais pu faire usage de ce droit ; elle a toujours aidé le gouvernement – même lorsque celui-ci était insolvable – à couvrir les déficits du budget de fonctionnement.

La Banque perçoit sur ces avances un intérêt dont le taux est fixé par le Conseil d'Administration après avis du ministre des Finances.

Autres concours

Dans les relations financières internationales du gouvernement, la Banque joue un important rôle d'intermédiaire en assistant le gouvernement dans les négociations de prêts ou d'emprunts et en l'aidant aussi à établir les prévisions de recettes et dépenses en devises étrangères.

Sur le plan interne, précisons que le bénéfice net de la Banque est acquis par l'État.

---

[28] Le gouvernement convertit le plus souvent ces bons du Trésor en titres.

3. La Banque du Ghana et le contrôle du crédit

a) Le contrôle

Les articles 29-38 des statuts de 1963 confèrent à la Banque du Ghana le droit d'exercer un contrôle sur les crédits que les banques et institutions financières consentent à leurs clients. Selon les dispositions de ces articles, la Banque peut :

1°) prescrire aux banques le maintien d'avoirs liquides de montants et de composition qui seront fixés par la Banque,

2°) prescrire, sous accord préalable du ministre des Finances, le plafond des crédits accordés et investissements effectués, ou maintenir ces opérations dans les limites jugées raisonnables exigées par la politique de développement du pays :

- soit pour une durée indéterminée ;
- soit pour une période définie ;
- soit pour la totalité des crédits consentis et investissements ;
- soit pour une certaine catégorie d'opérations.

Il faut dire que ce droit de contrôle du crédit existait déjà dans les statuts de 1957 ; mais les moyens de contrôle du crédit qu'ils reconnaissaient à la Banque étaient faibles du fait qu'à cette époque, les banques commerciales n'éprouvaient guère le besoin du concours financier de la Banque, obtenant directement de leurs banques-mères en métropole (Angleterre) tous les fonds dont elles avaient besoin. Rappelons aussi que le secteur privé n'était alors pas très développé.

Prévoyant les abus auxquels pourraient se livrer les banques dans leur politique de crédit pendant la période du plan septennal, qui demandait une large contribution du secteur privé national, la Banque du Ghana publia, en vertu des dispositions de ces articles, et les mit en vigueur dès le 1er avril 1964, les règles concernant le contrôle de crédits et les investissements (*Credit Control Regulation Act* 1964).

Ces règles enjoignent aux banques de soumettre à l'approbation préalable de la Banque du Ghana, à l'exception des prêts à l'agriculture et à l'industrie, l'octroi de tout prêt supérieur à 10 000 N ¢, et prescrivent aux banques le maintien de deux sortes de réserves obligatoires :

- premièrement, des réserves obligatoires à maintenir en considération d'engagement à vue à l'égard des banques étrangères. À cet égard, les banques doivent déposer à la Banque du Ghana un montant égal en devises étrangères ;
- deuxièmement, des réserves obligatoires en fonction du total des dépôts reçus de la clientèle.

Les banques doivent maintenir entre le montant total des dépôts de toutes catégories reçues par elle et les avoirs une proportion définie par la Banque du Ghana selon la période de l'année.

Précisons d'autre part que selon le *Credit Control Regulation,* les banques commerciales doivent ouvrir un compte de dépôts spécial auprès de la Banque du Ghana.

Toutes ces politiques de contrôle sélectif et quantitatif de crédit que la Banque a le droit d'exercer lorsqu'elle le juge opportun – et qui est d'ailleurs à la base de la politique de stabilisation économique et monétaire amorcée depuis 1966, que nous aurons l'occasion d'étudier en détail dans la seconde partie de cette étude – se trouvent complétées par la politique d'« *Open Market* » que prévoient également les statuts.

En effet, la Banque du Ghana peut acheter et vendre (ainsi que nous l'avons déjà indiqué plus haut) selon la situation économique du pays, les valeurs émises par le gouvernement ou toutes autres valeurs émises en monnaie ghanéenne portant un intérêt fixe.

Par ailleurs, notons que la Banque du Ghana a la possibilité d'émettre, après avis du ministre des Finances, des titres à son nom, de les vendre ou les acheter sur le marché.

b) Les sanctions

Des sanctions sont prévues pour les banques qui n'auront pas observé les prescriptions. Elles portent sur :

- le paiement d'intérêt à un taux fixé par la Banque du Ghana sur la différence entre le montant des réserves obligatoires et le montant réel des réserves ;
- la possibilité pour la Banque du Ghana de limiter les prêts pouvant être consentis par chaque banque, et de suspendre la distribution par celle-ci des dividendes, ainsi qu'une astreinte journalière d'1/2 000e du montant de l'insuffisance des réserves ;
- une amende d'un maximum de 1 000 N ¢.

Ainsi dotée d'une part de tous les privilèges lui permettant d'insuffler dans l'économie la monnaie fiduciaire et de favoriser l'expansion du crédit, et d'autre part de tous les moyens pouvant aider au contrôle de l'émission de cette monnaie et de l'expansion de ce crédit, la Banque du Ghana apparaît indiscutablement comme l'institution la plus importante du système bancaire et économique du Ghana.

Mais l'efficacité de son rôle en tant que Banque centrale dépendra de l'organisation et du fonctionnement des autres institutions bancaires qui sont appelées à mettre à la disposition de l'économie d'autres instruments de paiement à caractère proprement bancaire.

C'est à l'étude de ces institutions que nous allons nous attacher au chapitre II.

TABLEAU N° 7

Taux de réserves de liquidités des banques commerciales prescrits par la règlementation de crédit d'avril 1964 (*Credit Control Regulations of April 1964*)

		Taux minimum mars-avril (en %)	Taux minimum sept.-fév. (en %)
1	Encaisse monétaire	8	8
2	Autres réserves liquides	40	46
3	Total des réserves liquides (1 + 2)	48	54
4	Dépôts spéciaux avec la Banque du Ghana	5	5
5	Titres du gouvernement du Ghana	18	18
6	**Total des réserves (3+4+5)**	**71**	**77**

Source : Bank of Ghana, Report of the Board for the Financial year ended 30th June, 1968

Chapitre II

BANQUES ET ETABLISSEMENTS FINANCIERS AU GHANA

Constituant l'une des conséquences directes de la colonisation britannique, la pratique bancaire moderne est un phénomène récent au Ghana. Bien que la monnaie anglaise ait été introduite en 1880, il a fallu attendre 1897 pour que la première banque soit établie, et 1912 pour que le *West African Currency Board* soit officiellement chargé de l'émission monétaire.

L'évolution bancaire qui s'est poursuivie par la suite est liée avant tout au développement du commerce, à la diversification de l'économie liée aux ressources naturelles, et à la demande de la population locale et étrangère. Les ressources naturelles étant surtout destinées à l'exportation, les premières banques qui se sont installées répondaient donc aux besoins de l'accroissement du commerce entre le Ghana et la Grande-Bretagne, et par ailleurs à la demande du gouvernement colonial et de la population d'origine étrangère qui voulaient avoir sur place les mêmes facilités bancaires que celles qui existaient dans la métropole.

Ces banques voulaient également résoudre le problème de transfert de fonds qui, au début de la colonisation, se faisait par voie maritime. Il n'existait à l'époque aucune législation définissant la profession bancaire. Aussi n'était-il pas surprenant de voir les banques telles que la *Bank of West Africa* et la *Barclays Bank* s'occuper à la fois des opérations de crédits à court et à moyen terme[29], et des sociétés commerciales et compagnies d'assurance s'adonner tant soit peu à des opérations de crédit.

[29] Financement de l'équipement des industries primaires.

La première ordonnance royale (*Companies Ordinance*, cap 193)[30] règlementant la profession bancaire fut promulguée en 1950. Elle définissait la banque comme étant toute société exerçant une activité bancaire ou utilisant le mot « banque » ou l'un de ses dérivés dans sa dénomination sociale. L'activité bancaire était définie comme consistant *« à recevoir du public des dépôts à vue dont celui-ci peut disposer par chèque, et à consentir des prêts à la clientèle »*. Cette définition, qui consacrait un état de fait existant depuis déjà longtemps, ne devait pas beaucoup satisfaire les dirigeants politiques du Parti de la Convention du Peuple (CPP). Aussi, après l'indépendance, leur politique consista-t-elle à canaliser tous les fonds prêtables dont pouvaient disposer les sociétés commerciales et les particuliers afin de les investir dans les projets de développement d'ordre prioritaire.

En ce sens, le *Bank of Ghana Act 182* prévoit dans sa quatrième partie une réglementation bancaire. Il convient de souligner que cette réglementation ne vient au fond que compléter la première législation de 1950. Car la nouvelle législation sur les sociétés commerciales (*Companies Code, 1963 Act 179),* promulguée le 28 mai 1963, laisse inchangées les dispositions relatives aux banques et compagnies d'assurance introduites en 1950. Cependant, le *Bank of Ghana Act 182*, contrairement au *Companies Code*, fait une distinction nette dans sa définition des intermédiaires financiers entre les établissements de Banque (*Banking Institutions*) et les établissements financiers (*Financial Institutions*).

Selon l'article 57 de cet *Act*, « *l'établissement de Banque* » est *« toute société ou toute coopérative de crédit enregistrée selon la* Cooperative Societies Ordinance *(Cap.190) ou toute personne autre que la* Bank of Ghana, *ayant pour activité de recevoir des espèces en compte courant ou de dépôts. Ces dépôts étant constitués en vue d'exécuter des*

---

30 Cette loi a été introduite en 1950 sous le titre *The Companies Ordinance, cap. 193 of the Law of the Gold Coast.*

paiements à vue par chèque, ainsi que toute compagnie utilisant légalement le mot banque ou l'une de ses dérivées dans sa dénomination sociale ». Quant à « *l'établissement financier* », il le définit « *comme étant une compagnie ou coopérative dont l'activité, ou partie de l'activité est de recevoir des dépôts de monnaie ou de faire des prêts* ». Il faut préciser qu'en tant que « *Companies* », les banques au Ghana sont soumises aux dispositions générales du « *Companies Code* » qui régit toutes les sociétés commerciales.

Tel qu'il se présente aujourd'hui, le système bancaire du Ghana répond donc à la division que prévoit le *Bank of Ghana Act 182*. Il existe des banques commerciales et des banques qui s'occupent de différentes opérations financières : création d'affaires et placements, etc.

SECTION I
Les banques commerciales

Trois banques se partagent le secteur commercial de l'économie ghanéenne. Il s'agit notamment de la *Standard Bank of West Africa,* de la *Barclays Bank* (DCO) et de la *Ghana Commercial Bank.*

Les deux premières sont des banques privées anglaises. La *Standard Bank of West Africa* fut établie le 1er janvier 1897. C'était la deuxième banque commerciale d'expression anglaise installée sur la côte ouest-africaine[31]. En 1917, ce fut le tour de la *Colonial Bank*. Mais celle-ci eut une brève existence. Elle devait transférer à la *Barclays Bank Ltd*, dont la succursale au Ghana est connue sous le nom de *Barclays Bank* (DCO), tout son capital, ses activités et sa clientèle.

Ainsi que nous l'avons déjà dit, c'est en 1952 que la *Ghana Commercial Bank* (autrefois appelée *The Bank of the Gold Coast)* fut créée par le gouvernement, avec un capital initial de 2 millions N ¢.

Toutes ces banques, ainsi que nous l'examinerons, apportent aujourd'hui un concours substantiel à l'économie ghanéenne en mettant à la disposition du gouvernement et des entreprises ghanéennes et étrangères – sous forme de crédits à court, moyen, voire même long terme – les dépôts qu'elles attirent du grand public ou qu'elles se procurent en dehors du Ghana.

---

[31] La première banque fut établie au Nigéria en 1893.

Notons qu'il n'existe pas au Ghana, comme c'est le cas au Nigeria, de banques privées purement ghanéennes, c'est-à-dire des banques appartenant à des particuliers ghanéens.

A - Rôle des banques commerciales du début du siècle à 1952

Jusqu'en 1952, ce sont les deux banques privées anglaises, à savoir la *Standard Bank of West Africa*, et la *Barclays Bank* (DCO) qui s'occupèrent du financement des activités commerciales du pays. Pour ce faire, elles essayèrent de mobiliser les ressources financières disponibles sur place et obtinrent par ailleurs de leur siège à Londres d'importants concours financiers.

Depuis 1948, le problème auquel ces banques avaient eu à faire face fut celui de trouver la meilleure technique bancaire qui puisse leur permettre d'aider les commerçants ghanéens qui, avec l'élévation du niveau de vie de la population, avaient pris une importance de plus en plus grande dans le commerce de détail. Ces commerçants avaient évidemment besoin, pour développer leurs affaires, du concours des banques sous forme de crédits à court ou moyen terme.

Tandis que dans les pays développés, les crédits peuvent aussi être accordés contre des valeurs mobilières non échues, au Ghana, du fait que le commerce se pratique au niveau de la famille ou à titre individuel, les commerçants ne disposent pas de telles garanties.

Toutefois, les banques parvenaient, autant qu'elles le pouvaient, à résoudre le problème en accordant des découverts à court terme aux clients qu'elles connaissaient particulièrement bien, c'est-à-dire ceux dont elles connaissaient la nature et la marche des affaires.

1. Mécanisme de financement des produits d'exportation

Avant la seconde guerre mondiale, le financement des produits d'exportation se faisait au moyen d'effets commerciaux appelés « crédits documentaires ». Ces effets étaient garantis par les acheteurs de produits de la Grande-Bretagne. Ils contenaient des clauses, dites « clauses rouges », qui permettaient à leurs bénéficiaires, en général les grandes sociétés étrangères, d'obtenir des banques l'argent nécessaire à l'achat des produits. Dans certains cas, lorsque les clients réguliers n'étaient pas encore en possession de leurs documents, ou lorsque les crédits documentaires ne leur permettaient pas d'obtenir l'argent nécessaire à la commercialisation des produits, les banques leur accordaient des découverts ou escomptaient les lettres de change qu'ils détenaient et qui étaient émises pour couvrir l'embarquement des produits.

Dans l'ensemble, ce système a bien fonctionné. Mais il faut dire que ce genre de financement présentait quand même indirectement quelques inconvénients pour les producteurs, et aussi pour le développement de l'activité bancaire.

Étant donné que les prix d'achat subissaient de très fortes fluctuations, les producteurs ne savaient jamais avant la campagne d'achat combien vaudraient leurs produits. En effet, ces prix d'achat dépendaient très étroitement des prix mondiaux. Ceci n'incitait pas tellement les producteurs à augmenter leur production, car pour eux, une augmentation de la production signifierait une augmentation des dépenses de main-d'œuvre et d'entretien supplémentaires des champs. Or, ils n'étaient pas certains de couvrir ces dépenses supplémentaires au cas où les prix viendraient à baisser.

La production étant de ce fait limitée, il s'ensuivait en général que les banques elles-mêmes étaient aussi limitées dans leurs activités. Aussi a-t-on commencé dès 1936-37 à chercher le type de financement qui permettrait d'assurer à la fois un niveau élevé de la production et de l'activité bancaire. Il apparut d'abord que le seul moyen d'y parvenir consistait à intéresser directement les producteurs à la commercialisation d'une partie de leurs produits.

À titre d'essai furent créées des coopératives de producteurs de cacao. La production était divisée en deux catégories : la catégorie A, qui correspond à la qualité supérieure de cacao, et la catégorie B, qui correspond à la qualité moyenne.

Les grandes sociétés s'occupaient de l'achat de la catégorie A, tandis que l'achat de la catégorie B était réservé aux coopératives ou aux petits acheteurs ghanéens qui pouvaient supporter au moins les frais de transport des produits jusqu'au port d'embarquement. Une fois que les produits étaient au port, ils pouvaient les donner en garantie pour obtenir des avances auprès des banques.

Plus tard, les acheteurs métropolitains établirent en faveur des acheteurs de la catégorie B des lettres de crédit qui leur permettaient d'avoir accès plus facilement au marché mondial et d'accroître leurs disponibilités monétaires à l'intérieur en faisant escompter ces effets auprès des banques.

Avec l'éclatement de la guerre en 1939 et les problèmes posés par le transport et le stockage des produits au port, ce mode de financement s'avéra pratiquement impossible, et les producteurs furent de nouveau livrés aux aléas de la fluctuation des prix.

Pour parer à la détérioration du commerce que pourrait entraîner une baisse de la production d'exportation fut créé le *West African Produce Control Board*. C'était un office de commercialisation qui achetait le cacao, l'arachide, l'huile de palme, les palmistes, le coton, le coprah, etc., à des prix garantis, sans tenir compte des fluctuations de prix qui pouvaient se produire sur le marché mondial.

En 1947, après la guerre, cet office fut remplacé par deux autres organismes de commercialisation : le *Gold Coast Marketing Board* et la *Gold Coast Marketing Company Ltd.* Le premier fut chargé de l'achat des produits à l'intérieur, tandis que le second, qui avait son siège à Londres, fut chargé de la vente des produits sur le marché mondial.

À l'intérieur, le *Gold Coast Marketing Board* continuait – comme le faisait pendant la guerre le *West African Produce Control Board* – à acheter les produits à des prix garantis. C'était donc désormais à ces deux organismes que les banques accordaient des avances substantielles pour le financement de l'exportation des produits. L'importance même des activités de ces *Marketing Boards*, qui contrôlaient une grande partie de la commercialisation des produits, avait aussi beaucoup stimulé les opérations bancaires. Mais elle avait du coup éliminé les petits acheteurs qui auraient peut-être pu continuer à développer leurs affaires après la guerre.

2. Financement des activités industrielles

Le financement des activités industrielles par ces banques était plutôt faible. En dehors du secteur public, le financement de nouvelles industries était assuré par des investissements étrangers et des fonds des sociétés déjà solidement établies dans le pays. Aussi, avant 1952, la contribution qu'apportaient ces banques au secteur industriel était-elle surtout sous forme de capital circulant.

B – Importance de la *Ghana Commercial Bank* dans le système bancaire du Ghana

Autrefois, ainsi que nous l'avons déjà signalé, la *Ghana Commercial Bank* s'appelait la *Bank of the Gold Coast.* Ce n'est qu'après un amendement de 1957 et la création de la Banque du Ghana qu'elle prit ce nom. Les circonstances qui ont conduit à sa création et que nous avons largement évoquées plus haut dans le chapitre préliminaire expliquent le rôle beaucoup plus important qu'elle se doit de jouer par rapport aux autres banques commerciales dans la vie économique ghanéenne. En effet, elle est appelée à faire naître chez les Ghanéens à la fois l'esprit d'entreprise et la pratique bancaire moderne. Il s'agit d'aider en ce sens tous les Ghanéens de toutes les catégories sociales, aussi bien les ruraux que les urbains.

En plus de ses fonctions de banque commerciale, elle est chargée :

- d'être l'agent du gouvernement pour gérer pour le compte de celui-ci, la *Guarantee Corporation* ;
- et de gérer le *Government Mortgage Loan Scheme.*

1. Fonctionnement de la *Guarantee Corporation*

C'est à la *Ghana Commercial Bank* que le gouvernement confia le soin de se porter garante des importateurs ghanéens vis-à-vis de leurs fournisseurs étrangers.

À cet effet, elle constitua la société dite « *Guarantee Corporation* » dont les actions sont uniquement souscrites par les commerçants ghanéens membres de la Chambre de Commerce du Ghana. Pour toute importation de marchandises effectuées au Ghana par les Ghanéens, la société donne aux fournisseurs étrangers une garantie couvrant une période de six mois. Cette garantie est une assurance que la société donne aux fournisseurs en ce sens que lorsque l'échéance arrive, si les importateurs ghanéens ne sont pas en mesure de payer leurs importations, la société se chargera de leur fournir les fonds nécessaires.

La garantie est donc l'assurance d'un prêt spécial que la société accordera aux importateurs pour leur permettre de faire face à leurs engagements envers leurs fournisseurs.

Les actionnaires de la société fournissent le 1/3 de ce prêt, tandis que les 2/3 sont fournis par une souscription spéciale du gouvernement. Précisons qu'en général, c'est la *Ghana Commercial Bank* elle-même qui procure au gouvernement les fonds nécessaires à cette souscription. Ce système permet ainsi de toujours payer à terme les fournisseurs à 100 % de la valeur des produits qu'ils livrent aux importateurs ghanéens.

Plus tard, on s'est rendu compte que l'échéance de six mois était insuffisante pour permettre à ces importateurs de vendre entièrement leurs produits ; on a alors prolongé cette échéance d'abord à un an, puis à trois ans.

Ce système aida considérablement les petits commerçants ghanéens, mais par la suite, avec l'expansion de leurs affaires, beaucoup d'entre eux purent trouver d'autres sources de crédit, et le système est pratiquement abandonné.

2. Le *Mortgage Loan Scheme*

Avec une dotation gouvernementale de 2,2 millions N ¢, c'est un système de prêt garanti mis en place et géré par la *Ghana Commercial Bank* pour promouvoir l'expansion des entreprises ghanéennes déjà existantes.

La banque accorde aux entrepreneurs ghanéens ayant déjà une expérience avancée en matière de gestion des affaires, des crédits pour financer une partie de leur capital fixe. Ce sont des crédits à moyen terme pour lesquels les bénéficiaires offrent en garantie leurs constructions immobilières. Soulignons qu'au départ, ces crédits étaient accordés pour une période de trois ans payables mensuellement à un taux d'intérêt de 7 % par an. Mais en 1960, cette échéance fut portée à six ans pour permettre aux entrepreneurs d'acheter certains équipements dont le délai d'amortissement est de cinq à six ans.

Le recouvrement des crédits s'effectue au moyen d'un compte courant que les bénéficiaires sont tenus d'avoir obligatoirement auprès de la banque ; ceci permet évidemment à ces hommes d'affaires ghanéens de s'accoutumer à la pratique bancaire. La *Ghana Commercial Bank* gère ce système avec une grande souplesse, et fait tout pour le maintenir en vigueur.

3. Opérations prévues par les statuts

Dès sa création en 1952, la *Ghana Commercial* Bank eut d'abord à établir des relations avec ses clients. Et pendant les cinq premières années de son existence, ces relations furent uniquement limitées aux petits commerçants et entrepreneurs ghanéens ; les grandes sociétés étrangères, ainsi que les

Indiens, Syriens, Libanais et Européens étaient donc pratiquement exclus de sa clientèle, c'est-à-dire que la banque ne leur accordait ni prêt, ni découvert. Toutefois, ils avaient la possibilité de faire des dépôts en compte courant à vue ou à terme auprès d'elle.

Quelques jours avant l'indépendance, les statuts de la banque furent amendés dans la perspective d'étendre ses activités à toutes les grandes sociétés et à toutes les catégories sociales, sans tenir compte de leur nationalité, et aussi dans le but de lui permettre d'attirer les dépôts étrangers susceptibles de faciliter les transactions de la banque en dehors du Ghana. À cet égard précisément, la *Ghana Commercial Bank* ouvrit une succursale à Londres.

Selon l'article II de ses statuts, la banque était autorisée à effectuer les opérations suivantes :

a) paiement, réception, perception et envoi de monnaie, de lingots d'or et de titres pour le compte du gouvernement, toutes transactions que le gouvernement pouvait de temps en temps lui confier[32] ;
b) réception des dépôts du public et ouverture de comptes ;
c) avances et accord de prêts sur remise de valeurs mobilières telles que : les actions, les obligations ou tout autre titre ou garantie autre que la propriété immobilière, et aussi contre remise de marchandises ou de documents commerciaux ;
d) accord de prêts ou ouverture de crédits garantis ou non ;
e) acceptation et escompte d'effets commerciaux ;
f) émission et circulation de lettres de crédit ;
g) tirage et émission de lettres de change en dehors du Ghana ;
h) achat de lettres de change payables hors du Ghana.

---

32 Bien que la *Ghana Commercial Bank* soit autorisée à faire des transferts pour le compte du gouvernement du Ghana, c'est la *Bank of Ghana* qui s'en occupe en fait.

Il faut dire que, toujours selon cet article, lorsque les prêts et les crédits consentis ne sont pas remboursés à l'échéance convenue, la banque a le droit de vendre tout ce qui lui est donné en garantie. Il ressort de cet article que la banque a, en général, la possibilité de poursuivre, si elle le veut, une politique libérale de crédit. Mais jusqu'en 1960, cette politique fut plutôt marquée par une extrême prudence. Ayant eu à satisfaire une clientèle à la fois nombreuse et pauvre, elle dut rationner ses maigres ressources.

Pour éviter de courir de trop grands risques, la banque orientait une bonne partie de ses ressources vers les crédits destinés à la construction immobilière. Ceci paraît plutôt paradoxal si l'on sait que les fonds des banques de dépôts ne doivent pas, en principe, être investis dans des opérations à long terme. Mais la raison souvent évoquée par la banque à cet égard était que ce genre d'opération constituait pour elle la garantie la plus sûre étant donné que la clientèle autochtone n'avait pas encore une grande expérience des affaires.

De plus, si les bénéficiaires n'arrivaient pas à rembourser les crédits, elle disposait du droit de vendre les maisons construites avec ces crédits ; et au cas où les crédits étaient remboursés, les immeubles constituaient de nouvelles garanties qui permettraient d'étendre la capacité d'emprunt de ses clients et d'accroître par conséquent le niveau de ses propres activités.

Cette prudence, doublée d'un grand optimisme, n'a pas détourné la banque de ses fonctions proprement commerciales. Il n'en reste pas moins qu'au fur et à mesure qu'elle étendait ses opérations à long terme, elle devait finalement apparaître comme une banque à tout faire.

C – Opérations communes effectuées par les trois banques

Depuis 1953, la *Standard Bank of West Africa* et la *Barclays Bank* (DCO) ont beaucoup évolué en ce qui concerne leur politique de crédit. Cette évolution a été, d'une part imposée par l'établissement de la *Ghana Commercial Bank* qui, de par les dispositions de ses statuts qui lui permettent une politique libérale de crédit, risque de leur enlever une grande partie de leur clientèle, et d'autre part, par l'orientation de la politique économique même du pays.

Les opérations qu'effectuent les trois banques commerciales prises dans leur ensemble s'analysent à partir des bilans que la Banque du Ghana établit à la fin de chaque année. Leurs ressources de financement proviennent essentiellement des dépôts de leurs clients. Mais ces banques peuvent aussi créer elles-mêmes des dépôts, soit en accordant des prêts à leurs clients, soit en achetant des titres.

Cette façon de créer les dépôts est bien un héritage de la pratique bancaire anglo-saxonne. En effet, selon cette pratique, dès l'instant qu'un découvert est accordé à un client, il est inscrit au crédit de son compte et apparaît dans les relevés qui sont faits de l'ensemble des dépôts.

En France, l'escompte des effets de commerce rend le compte du client créditeur, mais les avances en compte courant (découverts) sont inscrites en débit.

Au Ghana, les dépôts sont classés sous trois rubriques :

- les dépôts à vue (*Demand Déposits*) inscrits dans les comptes à vue ordinaires, et dont le titulaire peut disposer à tout moment avec un minimum de formalités. L'alimentation de ces comptes se fait par des versements en espèces, des dépôts de chèques et par l'apport d'effets privés ou publics à l'escompte. Par contre, les retraits d'espèces, les virements au profit d'autres comptes ou des chèques émis à l'ordre d'un tiers sont inscrits au débit de ces comptes. Pour certains de ces comptes, surtout ceux des particuliers, les banques exigent en principe qu'ils soient nécessairement créditeurs, c'est-à-dire que les banques préviennent leurs clients qu'elles ne paieront aucun retrait qui rendrait le compte débiteur. En revanche, à ceux qu'elles considèrent comme de bons clients, surtout les gros commerçants et les grandes sociétés, les banques accordent des facilités de caisse par le système d'*overdraft*[33] ; dans ce cas, les banques payent les chèques ou les virements excédant le solde positif pour un certain délai. À la fin de l'année 1967, les dépôts à vue représentaient un montant total de 140,2 millions N ¢, soit 64 % de l'ensemble des dépôts, en augmentation de 42 % par rapport à 1961 ;

- les dépôts à terme (*time deposits)* inscrits dans un compte à terme dont le titulaire ne peut disposer que lorsque l'échéance est atteinte. Celle-ci est comprise entre six et douze mois au plus. En 1967, ces dépôts portaient un taux d'intérêt compris entre 2,75 et 3,25 % lorsque l'échéance est à six mois, et un taux d'intérêt compris entre 3,25 et 3,50 % lorsque l'échéance est à douze mois ;
- les dépôts d'épargne (*savings deposits*) inscrits dans les comptes d'épargne. Les banques délivrent à leurs titulaires des livrets sur lesquels elles inscrivent les mouvements de fonds. Ces comptes d'épargne ne sont ouverts qu'à des personnes physiques. En 1967, le montant de ces dépôts était de 55,5 millions N ¢, soit 25 % du montant total, en augmentation de 43 % par rapport à 1961.

Si l'on considère l'ensemble des dépôts, dont le montant était de 218,4 millions N ¢ en 1967, l'on constate que c'est de loin le poste le plus important du passif. Les banques reçoivent aussi les dépôts d'autres banques qui sont soit des institutions financières ghanéennes, soit des banques étrangères dont elles sont les correspondantes.

---

33 L'*overdraft* est en somme le découvert que les banques accordent à leurs clients fidèles lorsque ceux-ci n'ont aucune provision dans leur compte.

Quant à l'actif, il nous indique les diverses affectations des ressources de ces banques. Par leur politique, celles-ci cherchent à concilier des objectifs contradictoires :

- en premier lieu, elles veulent réaliser autant de profit que possible pour le compte de leurs actionnaires ;

- en second lieu, les fonds qu'elles détiennent appartiennent en majeur partie à leurs déposants, et il ne serait donc pas prudent d'investir ces fonds dans des entreprises qui comportent des risques ;

- en troisième lieu, elles ont promis à leurs déposants à vue de leur rembourser leurs fonds à tout moment sur leur demande.

Dans ce dernier cas, pour honorer leurs engagements, les trois banques tiennent par-devers elles ou auprès de la Banque du Ghana des encaisses monétaires. Pour l'année 1967, le montant total de ces encaisses était de N ¢ 38,2 millions, soit 17 % de l'ensemble des dépôts. Précisons que les encaisses qui sont déposées à la Banque du Ghana servent également à régler les paiements entre les trois banques par le système de *clearing*, ou compensation. Celle-ci se fait chaque semaine au siège même de la Banque du Ghana.

Pour concilier les deux premiers objectifs de profit et de sécurité, les banques investissent une grande partie de leurs ressources dans les bons du Trésor du gouvernement ghanéen.

Depuis 1964, le montant de ces investissements varie entre 53 et 51,9 millions N ¢. En 1966, il a atteint un chiffre record de 68,2 millions N ¢. Il faut préciser que si les banques investissent beaucoup leurs fonds dans les bons du Trésor, c'est d'abord à cause de leur échéance, qui est généralement de trois à six mois, de leurs taux d'intérêt élevés, qui varient entre 6 et 7 %, et ensuite à cause du système d'imposition du gouvernement, qui retient à la source le gros du revenu fiscal.

Avec ce système, les banques sont toujours assurées de ne courir aucun risque dans leurs investissements.

TABLEAU N° 8

Bilan des trois banques commerciales du Ghana de 1961 à 1967*

PASSIF		**1961**	**1962**	**1963**	**1964**	**1965**	**1966**	**1967**
Dépôts et encaisses des autres banques		12,9	8,6	13,2	9,1	19,0	25,3	17,1
	Dépôts à vue	59,6	82,9	91,7	118,1	137,0	153,7	140,2
Dépôts du secteur non bancaire	Dépôts d'épargne	21,5	25,0	30,1	38,1	45,3	49,2	55,5
	Dépôts à terme	5,2	9,6	12,3	15,5	14,9	18,0	22,7
Capital et réserves		1,8	2,0	2,7	3,1	5,0	6,3	7,2
Autres passifs		8,6	30,8	16,2	40,8	45,7	68,3	79,3
TOTAL PASSIF		**109,7**	**158,9**	**166,2**	**225,1**	**267,8**	**320,8**	**322,0**
ACTIF								
Encaisses	Dans les banques	9,3	14,1	9,5	9,8	12,4	12,3	11,5
	À la Banque du Ghana	1,3	4,3	1,8	16,4	14,0	26,7	26,8
Soldes dus par les autres banques	Au Ghana	2,0	3,2	5,1	3,1	6,6	10,3	10,5
	À l'étranger	13,7	3,3	0,8	1,1	0,3	1,8	0,8
Bons du Trésor du gouvernement du Ghana et autres Bons		13,3	36,2	24,8	53,4	52,0	68,5	51,0
	Ghanéens	1,2	1,2	6,0	9,4	29,5	28,8	32,3

	Étrangers	0,2	0,8	0,7	0,4	0,2	0,1	0,1
Prêts et avances		53,3	59,9	77,4	75,8	94,7	98,8	99,5
	Du gouvernement du Ghana	1,1	2,6	22,8	27,8	29,8	36,2	47,3
	Étrangers	3,2	0,1	0,2	0,2	-	-	-
Actifs fixes		4,5	4,8	4,7	4,9	5,0	8,5	11,1
Autres actifs		6,7	28,3	12,4	23,0	23,3	28,8	31,1
TOTAL ACTIF		**109,7**	**158,9**	**166,2**	**225,1**	**267,8**	**320,8**	**322,0**

* *En millions* N ¢

Les banques commerciales ghanéennes investissent une partie de leurs ressources dans l'achat de titres du gouvernement du Ghana ou des gouvernements étrangers. Mais depuis 1965, on constate qu'elles n'achètent pratiquement plus les titres des gouvernements étrangers. Ceci s'explique par le fait que la *Standard Bank of West Africa* et la *Barclays Bank*, qui avaient investi suffisamment de fonds dans leur pays d'origine et dans les autres pays du Commonwealth, ont abandonné leurs activités dans ces pays au profit de l'achat de titres du gouvernement du Ghana. Depuis cette année-là, on note en effet que le montant total des investissements des trois banques dans les titres du gouvernement a presque doublé, passant de 29,8 millions N ¢ en 1965 à 47,3 millions N ¢ en 1967.

Ces titres représentent aussi pour les banques une garantie, en ce sens qu'elles ont toujours la possibilité de les faire escompter à la Banque du Ghana lorsqu'elles ont besoin de constituer des encaisses monétaires. Le taux d'intérêt que portent ces titres varie entre 6,5 et 10 %.

Notons que la plus grande partie des opérations de ces banques porte sur les prêts et les avances qu'elles consentent. Depuis 1961, ces opérations de prêts et avances représentent le poste le plus important de l'actif. En 1967, elles ont atteint un chiffre de 99,5 millions N ¢, soit 45,6 % de l'ensemble des dépôts, en augmentation de 46 % par rapport à 1961. Ces prêts et avances sont obtenus contre des garanties qui portent sur les titres du gouvernement, les actions, les obligations et les biens immobiliers[34].

Lorsque les prêts et avances sont couverts par les titres du gouvernement, le taux d'intérêt perçu par les banques est compris entre 6,5 et 10 % ; mais lorsqu'ils sont couverts par les effets commerciaux, des valeurs mobilières ou d'autres biens, le taux d'intérêt perçu varie entre 7 et 10 %.

---

[34] Précisons qu'il ne s'agit pas d'opérations d'escompte. Les effets donnés en garantie sont repris par leurs titulaires lorsque ceux-ci remboursent la banque.

Ainsi que nous l'avons mentionné plus haut, les banques consentent à certains de leurs clients – surtout aux grandes sociétés – des ouvertures de crédits qui ne sont pas du tout garanties. Dans ce cas, le taux que perçoivent les banques varie entre 7 et 10 %. Il ressort, du montant même de ces prêts et avances et du niveau des taux d'intérêt qu'elles exigent, que c'est de loin la source la plus importante de profit des trois banques.

Mais quelles sont les opérations auxquelles sont destinées ces prêts et avances ?

Si nous nous référons au tableau 10 ci-après, nous voyons que ces opérations concernent notamment :

- la construction ;
- l'agriculture ;
- les mines et carrières ;
- les industries ;
- l'électricité, l'eau et le gaz ;
- le commerce ;
- les transports et communications ;
- les services et divers.

Hormis le commerce, dont les prêts et avances sont à court terme, toutes les autres activités bénéficient presque uniquement de crédits à moyen terme, car ces derniers sont destinés à l'achat de biens d'équipement et de pièces de rechange, et ont une échéance comprise entre un et cinq ans. Mais il faut souligner qu'en ce qui concerne les industries, une partie de ces prêts est utilisée comme capital circulant[35]. Quant aux crédits à la construction, ils sont à long terme, et dépassent le plus souvent les dix ans.

---

[35] C'est-à-dire qu'une partie des crédits accordés aux industries est à court terme.

TABLEAU N° 9
Taux d'intérêt pratiqués par les banques commerciales

	1961	1962	1963
Taux des banques commerciales sur les dépôts			
À 6 mois	$2\frac{1}{2}$	$2\frac{1}{2}$	$2\frac{3}{4} - 3\frac{1}{4}$
À 12 mois et plus	$3 - 3\frac{1}{2}$	$3 - 3\frac{1}{2}$	$3\frac{1}{4} - 3\frac{1}{2}$
Épargne	3	$3 - 3\frac{1}{2}$	$3 - 3\frac{1}{2}$
Taux des banques commerciales sur les avances			
Effets achetés et escomptés	$6\frac{1}{2} - 7\frac{1}{2}$	7	7 - 10
Titres du gouvernement	$6\frac{1}{2} - 6\frac{1}{2}$	$5\frac{1}{2} - 7$	$6\frac{1}{2} - 10$
Valeurs mobilières	$6\frac{1}{2} - 7$	6 - 7	7 - 10
Immeubles	$7 - 7\frac{1}{2}$	$7 - 7\frac{1}{2}$	7 – 10
Divers	$6\frac{1}{2} - 10$	$6\frac{1}{2} - 10$	7 – 10
Non garantis	$6\frac{1}{2} - 10$	$6\frac{1}{2} - 10$	7 – 10

Source : Bank of Ghana, Report of the Board for the Financial Year ended 30 th June 1968

Il faut dire que depuis 1967, les banques, dans leur politique de crédit, suivent de très près les directives du gouvernement en ce qui concerne l'orientation des crédits vers les secteurs dits « prioritaires », plus précisément de l'agriculture, des mines, des industries et du commerce (surtout les exportations).

En gros, on peut retenir qu'au Ghana, les banques commerciales, qui sont avant tout et principalement des banques de dépôts, ne se consacrent pas uniquement aux opérations à court terme. Elles étendent leurs activités dans tous les domaines, et aux opérations qui exigent un délai assez long de recouvrement. Mais en ceci, il semble que si elles ne les ont pas rejointes, elles ont du moins évolué dans le même sens que les banques de dépôts de certains pays du monde capitaliste.

En Grande-Bretagne, par exemple, jusqu'à une époque récente, les crédits consentis par les banques commerciales étaient à court terme et ne dépassaient guère un maximum d'un an. Par contre, aujourd'hui, on note que les crédits à long terme aux petites industries et aux agriculteurs se développent de plus en plus rapidement, et que les crédits à moyen terme sont plus facilement accordés pour financer les exportations.

En France, on observe une évolution à peu près semblable. En effet, autrefois, les banques de dépôts ne pouvaient recevoir que des dépôts à vue, les dépôts à plus de deux ans leur étaient interdits, ce qui les obligeait donc à se consacrer uniquement aux opérations à court terme. Mais ayant été amenées à consentir des crédits à moyen terme aux industriels pour leur permettre d'acheter des biens d'équipement, l'interdiction de recevoir des dépôts à plus de deux ans a été finalement supprimée[36].

---

[36] Cette interdiction a été supprimée en janvier 1966.

TABLEAU N° 10

Prêts et avances des banques commerciales ***Source : Bank of Ghana, Report of the Board for the Financial Year ended 30th June 1968***

	Valeur en Million de Nouveau Cedi					
Secteur / Année	**1962**	**1963**	**1964**	**1965**	**1966**	**1967**
Agriculture	2 540	18 110	6 992	9 964	13 831	3 166
Mines et carrières	518	566	1 442	1 614	847	1 223
Industries	1 382	2 314	3 256	4 584	13 267	15 521
Construction	4 484	9 468	11 790	13 328	15 023	12 526
Électricité, eau, gaz	8 156	2 590	1 834	938	75	201
Commerce : Cacao	21 018	12 812	26 478	13 979	12 186	15 593
Commerce : Divers	13 192	22 152	12 724	26 289	18 381	26 638
Transport et communications	700	820	504	1 094	1 310	1 684
Services	1 110	2 782	4 924	11 145	13 693	14 612
Divers	6 776	5 770	5 818	11 735	10 136	8 376
TOTAL	**59 876**	**77 384**	**75 762**	**94 671**	**98 749**	**99 540**

Précisons que les dépôts sur livret fournissent actuellement en France des fonds beaucoup plus stables que les dépôts à vue.

En dépit de cette évolution des banques commerciales ghanéennes vers les opérations de crédit à moyen et à long terme, due à des situations particulières au Ghana et à la politique du gouvernement, il faut souligner cependant que lorsqu'il s'agit de grands projets de développement, de création ou d'extension d'industries et d'entreprises agricoles, ce sont des institutions financières spécialisées qui prennent la relève.

SECTION II
Les banques de développement au Ghana

Il en existe deux au Ghana : la *National Investment Bank* (NIB) et *l'Agricultural Development Bank*. Toutes deux ont été créées aussi dans le cadre de l'effort que déploie le gouvernement en vue de mettre en place les structures financières capables de promouvoir un développement économique accéléré. Elles ont vocation à accroître la capacité productive du pays et à encourager, par ailleurs, l'esprit d'initiative privée chez les Ghanéens.

A – La National Investment Bank

Elle a été créée par la loi n° 163 (*National Investment Bank Act* 163, 1963) en date du 25 mars 1963, et venait remplacer deux institutions de développement, l'*Industrial Development Corporation* (IDC) et l'*Agricultural Development Corporation* (ADC) qui, pendant la période du *Self Government* et les premières années de l'indépendance, jouèrent un rôle non moins important dans le domaine industriel et agricole du Ghana. Ces deux institutions furent dissoutes en 1962 en prévision du plan septennal qui entendait confier à une institution financière autonome le soin d'organiser principalement le secteur privé et d'encourager l'investissement de capitaux privés étrangers dans le pays.

Trois mois après sa création, le 16 juin 1963, la *National Investment Bank* démarrait ses activités. Mais les premiers mois de son existence furent consacrés aux problèmes d'organisation et d'élaboration du programme de ses activités.

1. Statut juridique, capital et organisation

La *National Investment Bank* est une personne morale à durée illimitée ; elle ne peut être mise en liquidation que dans les conditions déterminées par une législation spéciale prise à cet effet.

Le capital autorisé de la banque est de 20 millions N ¢ représentés par dix mille actions de 2000,00 N ¢, dont 75 % sont souscrits par le gouvernement du Ghana, et 25 % par le public. À la création de la banque, le tiers du capital – soit 6,5 millions N ¢ – a été versé, dont 5 millions par le gouvernement et 1,5 million par les investisseurs privés[37]

L'administration de la banque est confiée à un Conseil d'Administration et à un Président-Directeur Général (*Managing Director*). Le Conseil d'Administration comprend :

- le Président-Directeur Général, qui convoque et préside les réunions du Conseil ainsi que celles de l'Assemblée Générale des actionnaires ;
- le représentant du Ministère des Finances ;
- six administrateurs nommés par le Président de la République, dont deux sont nécessairement des actionnaires de la banque. Ces derniers doivent être des personnes réputées ayant une expérience financière et ne doivent pas être fonctionnaires. De plus, ils sont nommés après avis des autres actionnaires et parmi ceux qui détiennent des actions d'une valeur totale de 1 000 N ¢. Précisons toutefois qu'en pratique, le Conseil d'Administration comprend les représentants de la Banque du Ghana et des deux banques commerciales privées étrangères, c'est-à-dire la *Standard Bank of West Africa* et la *Barclays Bank* (DCO).

Le règlement intérieur de la Banque enjoint au Conseil d'Administration de veiller à ce que toutes les demandes d'as-

[37] Il s'agit en ce moment des autres institutions bancaires et financières et de quelques hommes d'affaires du secteur import-export, et de l'immobilier et autres.

sistance financière soient strictement examinées sous leur aspect financier. C'est le Conseil qui étudie et décide si une aide doit être accordée ou non, et c'est là l'essentiel de son rôle.

Le Président-Directeur Général (*Managing Director*) s'occupe principalement de l'administration journalière de la banque. Il est assisté dans sa fonction par divers services tels que :

- le service de crédit, qui débloque les fonds aux clients et assure leur recouvrement ;
- le service comptable et bancaire ;
- le service de l'exécution des projets et de la promotion des investissements, et
- le service des études et recherches.

Ce dernier paraît être le plus important de la Banque, car quoique faisant partie intégrante de celle-ci, il jouit d'une certaine autonomie en ce qui concerne son administration. Il a ses propres directeurs et son propre budget. C'est un service technique qui joue le rôle de consultant à la fois pour la banque et pour ses clients. En plus de ce rôle, il assume deux fonctions principales :

- la révision et l'analyse continuelles de la situation économique du pays dans le but de déceler, d'une part les nouvelles possibilités d'"investissement, et d'autre part de permettre une réadaptation des projets en cours d'étude ou d'exécution ;
- les analyses et recommandations des demandes de prêts qui sont adressées à la banque.

2. Objet et opérations de la Banque

a) Objet

Ayant pour objectif d'accroître la capacité productive du pays, la *National Investment Bank* est conçue de façon à jouer un rôle de catalyseur ; son action s'étend à tous les secteurs de la vie économique du pays, c'est-à-dire d'une part au secteur industriel, agricole et commercial, et d'autre part au secteur public, coopératif, mixte et privé. Elle est appelée à consentir essentiellement des crédits à moyen et à long terme, à aider les entreprises en achetant ou en souscrivant à leurs actions ou encore en y prenant des participations. Ainsi qu'il est stipulé à l'article 3 de ses statuts, l'objet de la NIB consiste :

- à créer, agrandir et moderniser les entreprises ;
- à encourager et faciliter la participation de capitaux nationaux ou étrangers dans les entreprises ;
- à conseiller et encourager les entreprises ghanéennes ;
- à rechercher les nouvelles possibilités d'investissement pour les capitaux nationaux ou étrangers, et à trouver les experts et assistants techniques, tant nationaux qu'étrangers, nécessaires à la gestion des entreprises.

Pour permettre à la banque d'intervenir dans le secteur public, il faut préciser que l'article 3 prévoit également que la banque reçoive en dépôt spécial :

- tous les crédits que l'Assemblée nationale sera amenée à voter en vue du développement économique du pays ;
- tout emprunt interne ou externe du gouvernement destiné spécifiquement aux entreprises du secteur public.

La banque peut utiliser ce dépôt spécial pour consentir aussi des crédits à tous ceux dont la demande de prêt est garantie par le gouvernement ; ces crédits sont accordés à un taux d'intérêt déterminé par la Banque en accord avec le ministre des Finances, et sont destinés à créer des industries.

b) Opérations et activités de la Banque

Énumérées dans l'article 4 de ses statuts, les opérations qu'effectue la NIB sont multiples et variées. Elle a notamment :

- à fournir les moyens de financement aux entreprises sous forme de prêt à moyen terme contre ou sans garantie ;
- à garantir le remboursement des emprunts contractés par ses clients, ou accepter d'en devenir responsable ;
- à donner des conseils techniques à ses clients, à leur fournir les services de gestion et d'administration ;

- à investir ses fonds non immédiatement exigibles dans des titres ;
- à émettre des effets dont l'échéance ne doit pas être moins de trois ans ;
- à tirer, émettre, accepter ou endosser, escompter ou réescompter des lettres de change et des billets à ordre en rapport avec ses activités ;
- à souscrire à l'émission de nouvelles actions, d'obligations ou toute autre valeur.

C'est selon ces énumérations de l'article 4 que la NIB, durant ses sept années d'existence, a défini sa sphère d'activité et sa politique. Elle a donc essentiellement contribué aux projets ou programmes de développement économique de deux manières : directement en octroyant des prêts et crédits, et indirectement en investissant ses ressources en valeurs mobilières.

L'échéance des crédits consentis par elle variait entre 3 et 15 ans. En 1968, le total des investissements de la banque en titres a été de 806 000 N ¢, tandis que les prêts et avances ont atteint un montant de 4,179 millions N ¢ ; sur ce dernier chiffre, il faut noter qu'à lui seul, le secteur privé a pris 3,984 millions N ¢. Ce qui montre toute l'importance que la banque attachait au développement du secteur privé. Dans le même temps, les effets que la banque a garantis pour le compte de ses clients ont porté sur un total de 5 millions N ¢.

Il convient de souligner que les prêts et avances qu'accordait la banque sont compris entre un minimum et un maximum de 10 000 N ¢ et 200 000 N ¢. Ainsi que nous l'avons dit, le champ d'activité de la banque était illimité et embrassait :

- les entreprises industrielles, agricoles, commerciales, etc. ;
- le secteur privé, public, mixte et coopératif.

Dans ses activités, les statuts précisaient que la banque ne devait ni chercher à exercer un contrôle sur les entreprises, ni chercher à les posséder entièrement. Aussi ne pouvait-elle en général financer plus de 75 % du montant total des projets de développement ou de création d'entreprises qu'elle soutenait.

La banque prenait aussi des participations dans les entreprises en achetant ce qu'on appelle des *Equity Shares*. Ce sont des sortes d'actions qui permettaient à la banque d'associer à long terme les entrepreneurs ghanéens aux nouvelles entreprises, c'est-à-dire que la banque, au moment de la création d'une entreprise, achetait une partie des actions de cette dernière ; lorsque les opérations de celle-ci devenaient rentables, la banque cédait les actions qu'elle détenait aux entrepreneurs ghanéens. Ce système d'*Equity Shares* est également considéré au Ghana comme constituant les prémisses d'un marché de valeurs.

En ce qui concerne le financement de ses opérations, la NIB utilisait d'abord et avant tout ses ressources propres, c'est-à-dire les fonds provenant de ses actionnaires et ceux que le gouvernement mettait à sa disposition. Elle lança aussi des emprunts à l'intérieur et à l'extérieur du Ghana qui lui permettaient également de financer ses opérations.

En 1968, ces emprunts représentaient un total de 1,453 million N ¢. Soulignons toutefois que les statuts prévoyaient une limite aux emprunts de la banque. À aucun moment, ils ne devaient dépasser trois fois le montant du capital souscrit et libéré et les réserves de la banque.

Les activités de la NIB s'exerçaient aussi sous forme de coopération avec les autres institutions bancaires ou financières du Ghana et des pays étrangers.

Au Ghana, par exemple, pour certains projets, dont le financement dépassait les 200 000 N ¢, la NIB forma avec les trois banques commerciales, ainsi qu'avec la *State Insurance Corporation*[38] et la *Royal Exchange Assurance*[39], des consortiums de financement.

---

38 Compagnie d'assurances créée et gérée par l'État.

39 Compagnie d'assurances privée britannique.

Ainsi, en 1968, pour ne donner que cet exemple, un consortium de ce genre fut formé pour financer les travaux de rénovation des hôtels d'État, dont le coût s'élevait à 1,288 million N ¢[40]. Ce système de consortium fonctionnait sur la base de *Promissory Notes* que l'État garantissait.

Le fait particulier qu'il faut souligner à propos de la *National Investment Bank*, c'est que la plus grande partie de son capital fut souscrit par l'État ghanéen, alors que le plus clair de ses fournitures de capitaux était accordé au secteur privé.

Au Maroc, on note également une telle conception d'une banque de développement, où la participation de l'État au capital est importante, alors que les activités de cette banque doivent être centrées sur le secteur privé. La souscription de l'État marocain au capital de la *Banque Marocaine de Développement* (BMD) représente 50 %, et la BMD est appelée à donner priorité au secteur privé.

En revanche, au Nigéria, la Banque de développement est conçue selon le modèle des banques d'affaires des pays capitalistes, où les actions sont uniquement souscrites par des sociétés privées ou des capitalistes.

B – L'Agricultural Development Bank (ADB)

Les problèmes que posent la modernisation et la création de nouveaux domaines agricoles au Ghana sont complexes et exigent pour cela un grand effort soutenu, tant du côté des pouvoirs publics que du côté des particuliers. Or, si la NIB a pour mission d'encourager l'agriculture, il reste qu'étant donné son caractère ambivalent, il y a de fortes raisons de supposer que son action soit plus portée sur le secteur industriel, dont l'organisation et la gestion posent apparemment moins de problèmes. Aussi, eut-on l'idée en 1964 de créer une institution financière spécialisée qui s'occuperait plus particulièrement du secteur agricole.

---

[40] Rapport de la NIB, 1968

En avril 1964 donc, sur sa propre initiative, la Banque du Ghana créa le département du crédit rural (*Rural Credit Department*) chargé d'étudier les problèmes du crédit agricole et d'élaborer des plans et une législation en vue de la création d'une banque de crédit agricole.

Un an plus tard, le 9 avril 1965, fut promulguée la loi n° 268 (*Act* 268, 1965) portant création de l'*Agricultural Credit Cooperative Bank*. Cette nouvelle institution venait remplacer le *Rural Credit Department*. En 1967, son nom fut changé en *Agricultural Development Bank* par décret n° 186 du *National Liberation Council*, qui modifia légèrement quelques articles des statuts de la banque.

L'*Agricultural Development Bank* a, selon ses statuts, quatre objectifs principaux à poursuivre, à savoir :

- fournir des facilités de crédit pour le développement et la modernisation de l'agriculture et des industries dérivées de l'agriculture ;

- promouvoir l'entreprise agricole individuelle et collective, et aider à la coopération entre ces entreprises et les institutions industrielles, financières et agricoles ghanéennes et étrangères ;

- proposer des programmes de recherches agricoles ;

- mobiliser toutes les ressources financières et humaines pour la réalisation de la politique agricole du gouvernement.

Il ressort de ce qui précède que les activités de la banque ne se limiteront qu'au domaine agricole. Soulignons cependant qu'en milieu rural ghanéen, les activités artisanales étant difficilement inséparables des activités agricoles, il est inévitable que la banque soit amenée de fait à intervenir également dans ce domaine.

Voyons à présent l'organisation et les opérations de la banque.

1. Capital et organisation

La banque a un capital autorisé de 30 millions N ¢ représenté par cent cinquante mille actions d'une valeur nominale de 200 N ¢ chacune. Selon l'article 2 des statuts de la banque, le gouvernement doit souscrire à au moins 51 % des actions, et les 49 % autres seront offerts en souscription à la Banque du Ghana, aux banques commerciales, aux différentes organisations créées (selon la loi n° 54 de 1961) par les collectivités locales, aux coopératives ou autres institutions agréées par le gouvernement. Jusqu'en décembre 1968, 27,4 % du capital représentant 8,24 millions N ¢ furent souscrits et entièrement payés.

La banque est administrée par un Conseil d'Administration, un Comité exécutif et un Directeur général. Le Conseil comprend au total, et en principe, seize membres qui sont :

- le Président du Conseil (*Chairman*) nommé par le Président de la République sur recommandation du ministre des Finances ;
- le Directeur général de la banque, également nommépar le Président de la République pour une période de cinq ans renouvelables ;
- un représentant de chacune des trois banques commerciales ;
- un représentant de la Banque du Ghana
- un représentant de la *National Investment Bank* ;
- un représentant du Ministère des Finances ;
- un représentant du Ministère de l'Agriculture ;
- un représentant du Ministère des Coopératives ;
- deux représentants du Conseil uni des coopératives des planteurs ghanéens (*United Ghana Farmer's Cooperative Council*) ;
- un représentant du Syndicat des coopératives d'État (*State Cooperative Congress*) ;
- un représentant du *Ghana Cocoa Marketing Board* ;

- deux administrateurs nommés parmi les cadres supérieurs de la banque.

Ce Conseil, qui regroupe tous les services et institutions concernés par les problèmes agricoles, élabore la politique de la banque dans le cadre défini par les statuts de la banque et la politique agricole du gouvernement.

Le Directeur général s'occupe de l'administration quotidienne de la banque. Il est assisté par un Comité exécutif qui comprend :

- le Président du Conseil d'Administration ;
- le Directeur général lui-même ;
- les deux directeurs exécutifs,
- et un autre directeur nommé par le Conseil.

Dans la pratique, pour hâter la prise des décisions et leur exécution, le Président du Conseil cumule les fonctions de Directeur général. Le Comité exécutif est chargé de préparer les réunions du Conseil d'Administration et de veiller à l'exécution des décisions prises par celui-ci.

2. Opérations de l'ADB

Contrairement à la *National Investment Bank*, l'*Agricultural Development Bank* finance trois types d'opérations : les opérations à court, à moyen et à long terme, ce qui la rapproche plus ou moins des banques commerciales. S'il est surprenant qu'une banque de développement soit autorisée à effectuer des opérations à court terme, il faut dire que cet état de choses est dû aux conditions mêmes du domaine agricole dans lequel cette banque est appelée à intervenir.

En effet, dans le secteur agricole du Ghana, il faut distinguer deux sortes de produits vivriers qui font l'objet de consommation locale : les céréales (maïs, mil, sorgho, fonio…) et les tubercules (igname, manioc, tarot…)

Pour les produits d'exportation, la commercialisation pose peu de problèmes du fait qu'il existe déjà des sociétés et des offices de commercialisation, comme le *Ghana Cocoa Marketing*

Board, qui bénéficie d'une large assistance financière de la Banque du Ghana et des banques commerciales.

Par contre, la commercialisation des produits vivriers pose d'inextricables problèmes à cause du manque d'organisation du marché de ces produits qui, en général, est laissé entre les mains des revendeuses[41], les banques commerciales ayant des appréhensions à apporter leur concours financier à ceux qui veulent s'y engager. Et comme l'un des objectifs majeurs de l'*Agricultural Development Bank* est de promouvoir et de moderniser l'agriculture, il ne peut être pleinement atteint si ces produits ne trouvent pas de débouchés sûrs, débouchés que seule une politique systématique de commercialisation peut permettre d'assurer.

C'est à cet égard que la banque est autorisée à faire des opérations à court terme. Par conséquent, elle est autorisée à accepter des dépôts à vue ou à terme comme c'est le cas d'une banque commerciale. En 1967, l'importance de ces dépôts était encore insignifiante, leur montant total s'élevant à 773 718 N ¢, soit 0,20 % de l'ensemble des dépôts des trois banques commerciales.

Outre ces dépôts et ses fonds propres, les ressources de l'ADB proviennent :

- des prêts qui lui sont accordés par les autres institutions financières ghanéennes et étrangères ;
- des emprunts qu'elle lance par l'émission et la vente d'obligations ;
- des bénéfices qu'elle réalise sur les transactions de ses titres ;
- et des fonds mis à sa disposition par le gouvernement pour réaliser certains projets particuliers.

[41] Ce sont les femmes qui achètent les produits aux producteurs pour les revendre ; étant donné l'insuffisance de leurs ressources, elles n'en commercialisent qu'une partie.

Il faut noter que les prêts que la banque obtient des organisations financières internationales ou institutions financières étrangères[42] sont garantis et remboursés par le Ministère des Finances au nom du gouvernement.

Ainsi que nous venons de le dire, les ressources de la banque servent à financer les opérations à court, à moyen et à long terme. Les prêts qu'elle accorde sont en espèces ou sous formes de biens d'équipement ; ils sont garantis par des gages de toute nature – meubles ou immeubles – ou encore accordés après que le client ait sollicité la caution d'une autre banque, c'est-à-dire que l'ADB peut consentir des avances ou prêts à un client dont une autre banque se porte garante.

Les crédits de la banque sont aussi obtenus par l'escompte d'effets de commerce portant deux signatures au plus, dont l'une doit nécessairement émaner d'une banque ou d'une coopérative.

Les avances et prêts représentent une part très importante des opérations de la banque ; ils ont atteint un niveau de 2,140 millions N ¢ en 1968, soit 25 % du montant des opérations financées par la banque cette année-là.

L'*Agricultural Development Bank* investit directement dans certains projets agricoles, c'est-à-dire qu'elle crée elle-même de nouvelles fermes agricoles. Ces investissements directs représentaient en 1968 un total de 6,522 millions N ¢, dont 4,382 millions N ¢ pour le moyen et le long terme, et le reste pour le court terme.

Pour le moment, on peut noter que l'opération la plus importante de la banque est la caution qu'elle accorde à ses clients auprès des autres institutions financières lorsqu'ils sollicitent des prêts et avances de ces institutions. En 1968, le montant de ces prêts garantis s'élevait à 9,501 millions N ¢.

Quelles sont les opérations financées par ces crédits ?

---

[42] Il s'agit d'institutions financières privées ou publiques étrangères.

Ces crédits sont destinés aux trois secteurs économiques du pays : public, privé et mixte, auxquels on ajoute aujourd'hui le secteur coopératif auquel la banque porte une attention toute particulière. Les crédits à court terme permettent aux clients de la banque de faire face aux frais de production et de commercialisation de leur récolte, avec une échéance de dix-huit mois.

Quant aux crédits à moyen et long terme, ils sont accordés :

- pour l'achat des équipements agricoles (bétail, matériel d'irrigation etc.) et pour la création d'entreprises de transformation des produits de l'agriculture. Ces crédits sont remboursables au bout de cinq ans ;

- pour la création de nouvelles entreprises agricoles, l'extension et la modernisation des existantes ; ils servent aussi à l'exécution de grands travaux d'irrigation et à la création de grandes plantations agricoles ; ces crédits sont remboursables en quinze ans.

La banque n'a pas d'échelle de taux d'intérêt pour les diverses catégories de crédits qu'elle accorde. Les taux sont déterminés en fonction notamment :

- du taux de réescompte de la Banque du Ghana ;
- du taux payé par la banque sur les fonds qu'elle emprunte ;
- des taux d'intérêt perçus sur les crédits accordés à leur clientèle par les autres institutions financières et bancaires ;
- des perspectives de profit des projets que finance la banque ;
- et de l'échéance des prêts.

Au cours de ces dernières années, l'*Agricultural Development Bank,* en collaboration avec les ministères de l'Agriculture et de l'Économie, s'est largement consacrée à des activités annexes pourtant indispensables à tout effort d'innovation et de création ; elle a notamment fait des recherches et études sur le crédit agricole, la commercialisation des produits agricoles destinés à la consommation intérieure, les coopératives et les industries artisanales. L'*Agricultural Development Bank,* de par l'importance même du secteur d'économie traditionnelle, qui occupe 62 % de la population, est de toutes les banques que nous venons de décrire celle qui aura sans doute le plus de difficultés et de problèmes à résoudre. À cet égard, ainsi que nous l'étudierons au chapitre suivant, les statuts consacrent un article spécial à la manière de résoudre ces problèmes en ce qui concerne la catégorie de paysans la plus défavorisée.

SECTION III
Institutions d'épargne au Ghana

Deux institutions d'épargne, la *Ghana Savings Bank* et la *First Ghana Building Society*, complètent l'organisation bancaire du Ghana.

A – La Ghana Savings Bank

La *Ghana Savings Bank* correspond au système de comptes courants postaux. Elle a été créée dans les années 20 par l'administration coloniale, et a été chargée de collecter l'argent des petits épargnants ghanéens. À ce point de vue, elle a joué dans le passé un rôle assez important. Jusqu'en 1960, ses dépôts variaient entre 8,5 et 10 millions N ¢.

Mais depuis, on constate une certaine stagnation. En effet, le volume de ses dépôts a légèrement baissé pour se maintenir à un niveau constant de 8 millions N ¢. Cette stagnation s'ex- plique aisément par la concurrence que les trois banques commerciales lui livrent. En effet, ainsi que nous l'avons indiqué plus haut, ces banques ouvrent à leurs clients des comptes d'épargne à des conditions relativement intéressantes, ce qui la rend par conséquent moins attrayante. En effet, on note à la *Ghana Savings Bank* :

- la lenteur de ses services ;
- une procédure de retrait onéreuse ;
- un faible taux d'intérêt ;
- auxquels il faut ajouter un élément psychologique qui joue beaucoup : les ruraux considèrent que c'est un privilège d'avoir un compte dans une banque commerciale ou à l'ADB. La procédure

de retrait est longue et onéreuse ; par exemple, au moment du retrait, du fait que le système de pièces d'identité n'est pas encore développé, il faut absolument qu'une tierce personne bien connue de la banque identifie le déposant, et cette tierce personne ne le fait pas sans réclamer une commission pour le service rendu.

Pour les retraits dépassant 20 N ¢, un préavis est nécessaire, et tous les frais occasionnés par l'opération sont à la charge du client ; ces retraits ne peuvent s'effectuer que deux fois par mois, alors que les banques commerciales autorisent les retraits au moins une fois par semaine. Le taux d'intérêt de 2,5 % payé par la banque à ses déposants est très faible, comparativement à celui que payent les banques commerciales.

Toutefois, pour peu qu'elle veuille changer ses structures et sa politique, la *Ghana Savings Bank* a certains avantages qui pourraient lui permettre de jouer un rôle plus dynamique et efficace par rapport aux autres institutions financières. En effet, elle dispose d'un grand nombre de guichets dans tout le pays, plus de trois fois le nombre de guichets des trois banques commerciales ; un fait important qu'il faut souligner, c'est que ses clients peuvent faire des retraits à n'importe quel guichet de la banque. Par ailleurs, il est très facile d'y ouvrir un compte, car il suffit d'avoir dix nouveaux pesewas (0,10 N ¢) pour le faire, alors que pour ouvrir un compte d'épargne dans une banque commerciale, celle-ci exige un minimum de 2 N ¢.

Précisons que pour des raisons de sécurité que nous avons déjà soulignées à propos des banques commerciales, c'est surtout dans les bons du Trésor que la *Ghana Savings Bank* investit les dépôts qui lui sont confiés.

B – La *First Ghana Building Society*

La *First Ghana Building Society* est, à vrai dire, une société de crédit immobilier dont l'État détient une partie des actions, le reste étant souscrit par le public. Avec trois sortes de comptes de dépôts, elle a pour but de collecter les petites épargnes afin de les mettre à la disposition de tous ceux qui veulent construire leur maison individuelle.

1. Le compte ordinaire (*Ordinary Share Account*)

Ce compte est ouvert avec 2 N ¢ et ne doit jamais dépasser un maximum de 10 000 N ¢. Il porte un taux d'intérêt de 4,50 %, ce qui représente le taux d'intérêt le plus élevé payé sur les dépôts au Ghana, mais pour les retraits, il faut toujours donner un préavis d'au moins un mois.

2. Le compte d'épargne (*Savings Share Account*)

Les dépôts de ce compte ne peuvent en principe être retirés qu'au bout de cinq ans ; leur taux d'intérêt est de 5 %, mais en réalité, il y a toujours possibilité de les retirer avant terme et c'est ce qui se passe couramment. Dans ce cas, lorsque le dépôt est retiré avant terme, le taux d'intérêt payé ne dépasse guère 2 %.

3. Le compte de dépôts (*Deposit Account*)

On y dépose une somme globale dont le montant est fixé par la banque et pour une période de temps donné[43]. Tous ces dépôts faits à la *First Ghana Building Society* sont destinés à la construction ; les prêts accordés par la banque sont remboursables dans un délai de quinze ans ou vingt ans, et le taux d'intérêt que perçoit la banque est de 9 %. La chose importante qu'il faut noter, c'est que le bénéficiaire doit rembourser ce prêt avant d'avoir atteint l'âge de soixante ans. Précisons d'autre part que les prêts de la *First Ghana Building Society* ne sont pas garantis, et que le concours de la société ne doit pas dépasser 80 % de la valeur totale estimée de la maison à construire.

En marge de ces institutions d'épargne, il en existe d'autres beaucoup plus petites créées sur initiatives privées. La plus importante d'entre elles appartient au syndicat des travailleurs des chemins de fer et du port de Sekondi-Takoradi, qui dispose actuellement de plus de 150 000 N ¢.

---

[43] La banque sollicite ces dépôts par des annonces publicitaires.

Chapitre III

PROBLÈMES THÉORIQUES POSÉS PAR L'ORGANISATION DU SYSTÈME MONÉTAIRE ET BANCAIRE DANS UN PAYS SOUS-DÉVELOPPÉ COMME LE GHANA

La structure économique du Ghana avant la mise en place de ce que nous appelons l'infrastructure monétaire et bancaire peut être qualifiée de dualiste, en ce sens qu'il existe un secteur économique moderne marqué par les anciennes structures coloniales et un secteur économique traditionnel.

Il faut préciser que dans ce dernier secteur, que certains économistes appellent abusivement aujourd'hui le secteur d'économie de subsistance, il n'y a pas absence totale d'échange. Celui-ci existe bien, à deux niveaux : celui des produits excédentaires et celui des produits complémentaires[44]. Mais aux deux niveaux, l'échange n'intervient qu'après qu'une partie de la production ait été autoconsommée. De là, on en vient généralement à supposer que la partie consacrée à l'échange est faible.

C'est donc dans ce cadre économique que s'insère le système monétaire et bancaire que nous venons de décrire. Son objectif est de transformer ce cadre au mieux du développement économique du Ghana et de l'élévation du niveau de vie de ses populations. Or, étant donné d'une part l'inorganisation et l'incohérence des structures de cette économie, et d'autre part le manque d'initiative privée dans le secteur traditionnel en raison de l'influence très marquée de l'esprit

[44] Les produits excédentaires sont les produits que les paysans gardent dans leurs greniers, et qui servent à faire face à la période de soudure ou qu'ils vendent pour se procurer un revenu monétaire. Quant aux produits complémentaires, ce sont ceux qu'ils produisent intentionnellement pour les échanger contre des produits qui ne poussent pas dans leur région. Par exemple, dans une région de pêcheurs, ceux-ci fourniront du poisson aux paysans d'une région où pousse l'igname ou le manioc pour obtenir en retour ces derniers produits.

communautaire qui persiste, nous avons essayé de montrer au chapitre II le rôle économique inéluctable de l'État. Celui-ci est amené à avoir une mainmise presque complète sur toutes les institutions économiques, et plus particulièrement sur les institutions bancaires. Il ressort de notre étude que, hormis les deux banques privées britanniques, toutes les banques sont des établissements publics ou semi-publics.

Il s'agit de voir dans le présent chapitre les problèmes théoriques que l'État a eu à résoudre en intervenant dans l'un et l'autre des deux secteurs économiques, et de montrer l'importance des sources de la création monétaire dans le système ainsi créé.

SECTION I
Problèmes de monétisation

A – Le secteur moderne

Ce secteur n'est en somme que le prolongement du système économique des pays développés auxquels le Ghana est lié par des rapports d'échange commerciaux ; c'est un secteur d'économie de marché, qui est donc monétisé à 100 %. Mais il faut y distinguer deux sous-secteurs :

- un sous-secteur entièrement dominé par les sociétés et industries étrangères, que nous appelons le sous-secteur étranger, et
- un sous-secteur dominé par le commerce de détail et les petites entreprises appartenant aux Ghanéens et à quelques étrangers d'origine asiatique[45], que nous appelons le sous-secteur moderne national.

Dans le secteur étranger, du fait que l'échange s'effectue au niveau des produits d'exportation (produits primaires) et des produits manufacturés d'importation, les flux monétaires sont entièrement tournés vers l'extérieur. Les crédits accordés à l'économie par les deux banques privées britanniques sont, pour l'essentiel, limités à ce secteur.

En effet, lorsque les sociétés étrangères reçoivent les crédits de ces banques, elles les utilisent à l'achat des produits d'exportation et les producteurs de ces produits en reçoivent des revenus monétaires. Ils servent à leur tour à l'achat des produits manufacturés importés par les mêmes sociétés ou

---

[45] Les Indiens, Pakistanais et Libano-Syriens qui s'occupent du petit commerce, au même titre que les Ghanéens qui sont dans ce sous-secteur.

d'autres sociétés étrangères[46]. Soulignons qu'au Ghana, à l'exception du cacao, et dans une moindre mesure du bois, tous les produits du secteur primaire étaient exploités par des compagnies étrangères. Celles-ci utilisaient donc une partie de leur revenu en achat de biens d'équipement et de consommation, et l'autre partie était rapatriée.

SCHEMA N° I

Secteur moderne I A		**Secteur traditionnel II B**	
1	2	3	4
Sous-secteur moderne étranger	Sous-secteur moderne national	Sous-secteur traditionnel d'échange	Sous-secteur traditionnel d'autoconsommation

Ce sont les différents sous-secteurs de l'économie dualiste. Comme on le voit, il y en a 4. L'échange s'effectue au niveau de 3 sous-secteurs. Dans le sous-secteur n° 1, il y a les sociétés étrangères qui exploitent les produits primaires ; elles sont importatrices de produits manufacturés. Ces produits peuvent être des biens d'équipement pour le renouvellement ou l'extension de leurs installations. Mais en général, ce sont des produits de consommation destinés aux sous-secteurs 2 et 3. Les produits primaires, ou ceux que nous appelons excédentaires, qui sont vendus par les sous-secteurs 2 et 3, procurent des revenus monétaires qui sont en grande partie utilisés à l'achat de ces produits de consommation.

À vrai dire, le sous-secteur 4, celui de l'autoconsommation, n'est pas un secteur distinct des autres, c'est-à-dire sans clivage avec les autres. Il ne faut pas l'imaginer comme un secteur où les gens qui produisent ne le font que pour consommer. C'est

46 C'est-à-dire que ce ne sont pas nécessairement les sociétés d'exploitation de produits primaires qui sont les importatrices de produits manufacturés.

une simplification de la réalité. C'est-à-dire que dans le secteur traditionnel n° II, une grande partie de la production est autoconsommée. La partie qui n'est pas autoconsommée est d'abord échangée au sein du secteur traditionnel, lui-même représenté par le sous-secteur n° 3, et dans le secteur moderne représenté par le sous-secteur n° 2. Dans celui-ci, les produits que les gens du secteur traditionnel échangent sont des produits alimentaires (qui sont ou non des excédents) et des produits primaires tels que le cacao, le café, les palmistes, etc.

Dans la réalité donc, tous ces sous-secteurs s'interpénètrent. On n'en saurait faire une démarcation bien nette.

Dans la mesure où le gouvernement du Ghana encourage et accepte des investissements étrangers dont une partie des bénéfices est expatriée, il y a toujours des flux monétaires vers l'extérieur.

Ainsi que nous l'avons expliqué, la politique du gouvernement consiste, par une politique de monétisation, à une intégration de tous les secteurs.

Dans le secteur moderne national, les transactions commerciales portent sur les produits d'exportation et sur une partie des produits excédentaires ou complémentaires, et sur les produits manufacturés, de sorte qu'une partie du revenu monétaire est tournée vers l'extérieur, et l'autre vers le secteur traditionnel.

La partie du revenu monétaire tournée vers le secteur traditionnel peut être fractionnée à son tour en deux parties : une partie servant à faciliter l'échange des produits excédentaires et complémentaires, et l'autre étant littéralement thésaurisée.

En nous limitant pour l'instant au secteur moderne, le problème essentiel que l'État a eu à résoudre est celui du changement des flux monétaires tournés vers l'extérieur. Ce changement s'est d'abord opéré par la création de la Banque centrale du Ghana. Dans la mesure où celle-ci a le pouvoir de pratiquer une politique de contrôle de change, une partie des revenus monétaires du Ghana en devises étrangères est contrôlée.

Elle peut être utilisée en achats à l'extérieur ou en paiement divers, ou ne pas l'être. Au cas où elle n'est pas utilisée, elle donne lieu à un transfert en devises vers le Ghana, et constitue les réserves de la Banque centrale.

Ensuite, le gouvernement a procédé à la nationalisation des principales compagnies d'exploitation des produits primaires, et enfin à l'implantation d'industries de transformation nationales aux fins de fournir le marché local en biens de consommation, et éviter ainsi la sortie de devises. Une fois ce changement accompli, les autres intermédiaires financiers ont eu pour tâche, d'une part de maintenir ou d'accroître leurs activités dans le secteur moderne, et d'autre part, d'étendre leur politique de crédit au secteur traditionnel afin de faciliter l'intégration de celui-ci dans le secteur moderne.

SCHEMA N° II

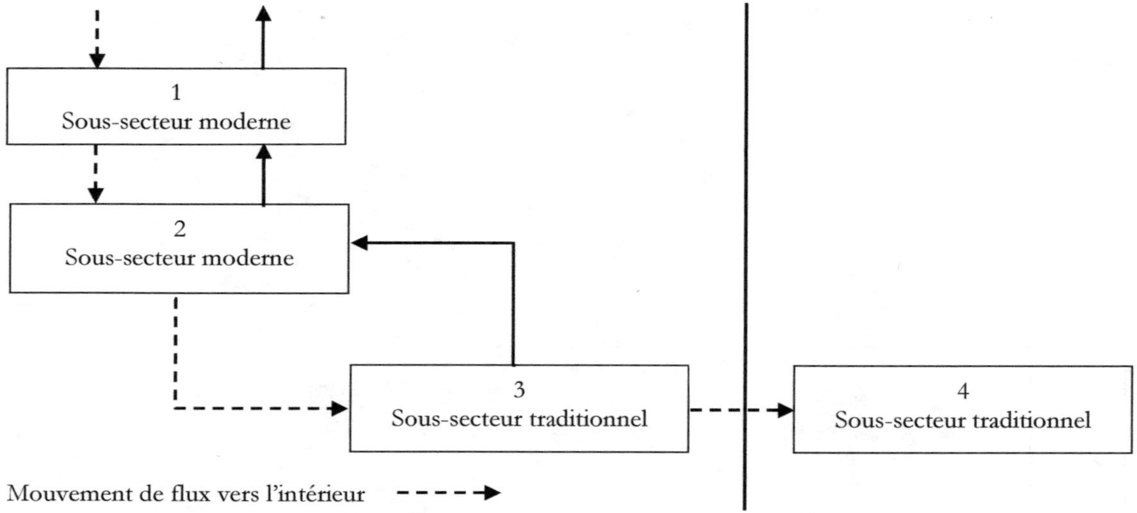

Mouvement de flux vers l'intérieur - - - →

Mouvement de flux vers l'extérieur ——→

SCHEMA N° III
Processus d'intégration des 4 sous-secteurs

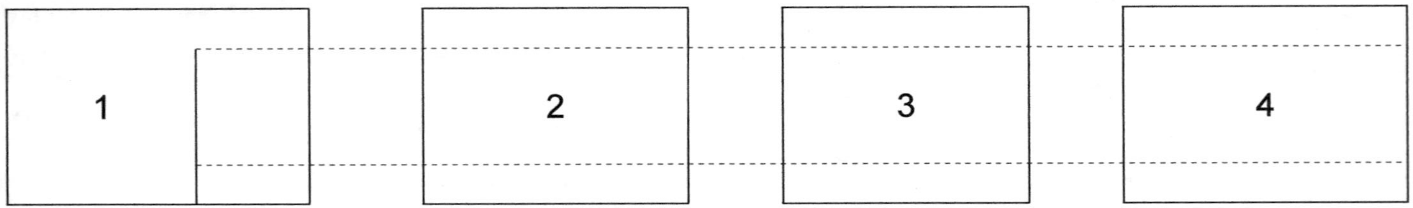

B - Le secteur traditionnel

Contrairement à ce que l'on a tendance à imaginer, ce secteur n'est pas exclusivement agricole. Dans sa forme la plus primitive, qui reste la forme d'organisation des communautés villageoises ou rurales représentant 62 % de la population, il englobe tous les métiers de l'artisanat indispensables à la vie de ces communautés (forge, menuiserie, maçonnerie, poterie, tissage, etc.), des cultivateurs, des pêcheurs, des chasseurs, etc. Il faut dire qu'en marge de leurs activités professionnelles, et dans la limite de leur temps disponible, la plupart des artisans s'adonnent à l'agriculture. Cette activité marginale leur procure une partie de leurs produits alimentaires. De sorte qu'en définitive, dans ce secteur, la part de la production consacrée à l'autoconsommation est grande.

La part de la production que nous avons jusqu'ici appelée « production excédentaire » et « production complémentaire » fait l'objet de transactions au sein de ce secteur ainsi que dans le secteur moderne. C'est par l'intermédiaire des transactions avec le secteur moderne que la monnaie pénètre dans le secteur traditionnel.

Ainsi que nous l'avons indiqué au paragraphe précédent, une partie de la monnaie qui pénètre dans ce secteur sert à faciliter les échanges au niveau du sous-secteur traditionnel d'échange, tandis que l'autre partie est thésaurisée. L'importance de la monnaie dans ce secteur traditionnel reste limitée, car le crédit bancaire y est inexistant. Il ne peut naître et se développer que par la diversification, l'accroissement et la commercialisation systématique de la production.

Si le rôle des intermédiaires financiers est de faciliter cette tâche, c'est-à-dire de contribuer à la modernisation de ce secteur, il reste que cette monétisation est avant tout liée au degré de développement des moyens de communication d'une part, et au niveau d'instruction et à la capacité d'adaptation et d'assimilation de nouvelles techniques des agents de ce secteur d'autre part. Tous ces problèmes constituent les conditions *sine qua non* de la politique de développement dans ce pays.

Quant aux autres problèmes, ils concernent surtout :

- les types d'intermédiaires financiers qu'il convient de créer ;
- la politique monétaire et les techniques bancaires capables d'accélérer la monétisation.

Les banques doivent pouvoir collecter également la monnaie thésaurisée à transformer en épargne monétaire, ainsi que l'épargne en nature que l'on trouve dans ce secteur sous forme de bétail ou de stocks de produits alimentaires, ou encore sous forme de bijoux et de pierres précieuses.

La solution de ces problèmes réside dans une intervention efficace et souple des pouvoirs publics.

Efficace en ce sens que l'intervention de ces derniers dans le secteur traditionnel doit porter sur des facteurs pouvant contribuer effectivement à une restructuration qui favorise la monétisation. Par exemple, on développera en priorité les produits complémentaires, car ils pourront être plus facilement commercialisés du fait qu'ils constituent des produits d'appoint ; ou bien encore, on ne cherchera pas à créer partout en milieu rural des succursales des banques commerciales, alors que les succursales de l'*Agricultural Development Bank*, qui est spécifiquement chargée de la promotion de la commercialisation des produits agricoles et de la collecte des dépôts, sont les mieux indiquées.

Souple en ce sens que l'intervention doit toujours tenir compte des conditions concrètes du milieu traditionnel, c'est-à-dire tenir compte des comportements sociologiques et psychologiques des gens chez qui on veut introduire les nouvelles techniques ou les nouveaux comportements économiques.

SECTION II
Les différentes sources de création monétaire

À partir de l'évolution économique et bancaire du Ghana, nous pouvons dire qu'il y a eu deux phases dans le processus de création monétaire : dans la première phase correspondant à notre schéma n° 1, il n'y a eu à vrai dire qu'une source principale de création monétaire liée à la balance des paiements ; dans la deuxième phase correspondant à notre schéma n° 2, il y en a trois, qui sont liées :

a) à la balance des paiements ;
b) aux crédits qu'accordent les banques au secteur privé ; et
c) aux crédits à l'État.

A – Première phase

L'émission liée à l'état de la balance des paiements est essentiellement celle de la période coloniale, quand le *West African Currency Board* était chargé de l'émission monétaire.

Ainsi que nous l'avons souligné dans le chapitre préliminaire, l'importance de cette émission est déterminée par la position de la balance des paiements. Si celle-ci est favorable, c'est-à-dire si les revenus des exportations excèdent les dépenses d'importation, de sorte qu'il y ait un dégagement substantiel de surplus servant de réserve de change, l'émission monétaire à l'intérieur est considérable.

Si, au contraire, cette balance est déficitaire, il en résulte une contraction de l'émission monétaire. Cette émission, cette création monétaire, était autrefois couverte essentiellement en livres sterlings.

Depuis la création de la Banque du Ghana, elle est couverte par les réserves en or ou en devises étrangères du système. Aussi, le revenu monétaire des sous-secteurs 1, 2, 3 et 4 dépend essentiellement de la conjoncture du commerce international.

Durant la période coloniale, les crédits à l'économie ne représentaient qu'une faible part dans la création monétaire. Car en général, les investissements qui se faisaient dans le pays provenaient en majeur partie de l'étranger, c'est-à-dire des sociétés-mères des compagnies opérant au Ghana. Ces investissements, qui étaient en devises étrangères, étaient transformés en monnaie nationale, c'est-à-dire que l'émission se faisait toujours en contrepartie de devises étrangères. D'autre part, les crédits à l'État aussi étaient faibles, car les dépenses de ce dernier étaient couvertes par les ressources fiscales et les dividendes que le *Currency Board* lui versait.

B – Seconde phase

Elle correspond à la période de l'indépendance, avec la création d'institutions monétaires et bancaires. Ici apparaît une institution nouvelle, la Banque centrale, qui jouera un rôle déterminant dans la création monétaire. Il s'agit de voir, dans un pays comme le Ghana, laquelle des trois sources indiquées plus haut sera la plus importante.

La situation devant laquelle se trouvait le Ghana était la suivante :

a) Le sous-secteur moderne national n° 2 était organisé sur la base d'entreprises individuelles ou familiales ;

b) Le sous-secteur traditionnel d'échange n° 3 était également organisé sur une base individuelle, c'est-à-dire que dans ce sous-secteur, l'échange s'effectuait au niveau des individus.

Dans ces deux sous-secteurs, la pratique bancaire – l'émission d'effets commerciaux – était faible, pour ne pas dire inexistante.

c) En outre, étant donné le rôle économique qu'assumait l'État, et qui l'amenait à intervenir d'une façon très marquée dans le sous-secteur étranger (n° 1) et dans le sous-secteur traditionnel d'autoconsommation (n° 4), théoriquement, il n'est pas à démontrer que les crédits à l'État seront de loin la source la plus importante de création monétaire. Ils seront d'autant plus considérables que les ressources fiscales de l'État seront faibles ou insuffisantes pour couvrir toutes ses dépenses. L'émission de bons ou de titres du gouvernement, ou les avances non garanties de la Banque centrale à l'État, donneront lieu à une émission considérable de monnaie. Si, d'une part, la balance commerciale est défavorable (si les réserves de change sont trop faibles pour servir de couverture à l'émission), et si d'autre part, l'épargne nationale ou internationale est insuffisante (ou si elle hésite à investir dans les bons et titres émis par l'État) la Banque centrale accorde à l'État des crédits qui ne représentent qu'une simple émission monétaire.

A la veille du lancement de son plan septennal de développement, qui devait en principe apporter de profonds changements tant sur le plan économique que social, la balance commerciale du Ghana était en déficit permanent, ce qui provoquait un amenuisement de ses réserves de change.

De plus, l'épargne nationale constituée en devises étrangères[47] était épuisée en raison du financement des précédents plans de développement destinés à la mise en place de l'infrastructure économique et sociale.

---

[47] Il s'agit des réserves que le *Ghana Cocoa Marketing Board* et le *West African Currency Board* avaient accumulées pendant l'époque coloniale. En 1956, ces réserves se chiffraient à 278 millions N¢.

TABLEAUX N° 11

A. Sources de création monétaire

Année	Crédits aux institutions publiques et au secteur privé			Crédits au gouvernement			Réserves d'échange		
	Par la Banque du Ghana	Par les institutions bancaires	**TOTAL**	Par la Banque du Ghana	Par les institutions bancaires	**TOTAL**	Avec la Banque du Ghana	Avec les institutions bancaires	**TOTAL**
1961	-	54,3	**54,3**	7,0	9,2	**16,2**	90,2	6,1	**96,8**
1962	-	61,0	**61,0**	18,7	23,9	**42,6**	95,8	-4,6	**91,2**
1963	29,0	83,6	**112,6**	32,5	31,8	**64,3**	70,6	-12,0	**58,6**
1964	66,3	86,1	**152,4**	48,7	70,6	**119,3**	66,0	-7,7	**58,3**
1965	44,6	125,0	**169,6**	123,2	66,6	**189,8**	6,4	-17,7	**11,5**
1966	73,1	128,4	**201,5**	153,8	82,8	**236,6**	-6,5	-22,6	**-29,1**
1967	83,9	132,7	**216,6**	202,0	80,0	**282,0**	-56,9	-15,6	**-72,5**

B. Balance commerciale du Ghana

	1960	1961	1962	1963	1964	1965	1966	1967
Exportations	232,0	299,0	230,1	217,6	229,3	226,9	191,3	245,1
Importations	259,2	286,8	235,1	260,8	243,2	320,1	250,6	261,5
Solde	-27,2	-57,8	-5,0	-43,2	-13,9	-93,2	-59,2	16,4

C. Dépenses du gouvernement

	1960	1961	1962	1963	1964	1965	1966	1967
Dépenses courantes	232,0	299,0	230,1	217,6	229,3	226,9	191,3	245,1
Dépenses d'équilibre[48]	259,2	286,8	235,1	260,8	243,2	320,1	250,6	261,5
TOTAL	-27,2	-57,8	-5,0	-43,2	-13,9	-93,2	-59,2	16,4

[48] Ce sont des dépenses publiques qui n'ont pas été prévues au budget mais qui ont été effectuées et auxquelles il faut trouver une imputation budgétaire ; ce sont des « dépenses à imputer ».

D. Revenus fiscaux du gouvernement[49]

1960	1961	1962	1963	1964	1965	1966	1967
132,4	131,4	168,2	144,6	184,2	254,2	211,5	224,0

En millions N ¢. Source : Economic Survey 1967, Ghana

[49] Ce revenu fiscal comprend : l'impôt foncier, l'impôt sur le revenu, la taxe sur la production et les droits de douane.

Dans ces tableaux, on note qu'au fur et à mesure que les réserves de change du pays s'amenuisent et deviennent déficitaires, l'emprise du gouvernement sur le secteur bancaire, surtout sur la Banque du Ghana, devient plus importante.

Ces revenus fiscaux comprennent l'impôt foncier, l'impôt sur le revenu, la taxe sur la production et les droits de douane.

Dans ces conditions, la question que l'on se pose est de savoir s'il est possible que cette émission monétaire de la Banque du Ghana ou de l'ensemble du système bancaire – représentée ou non par des effets ou titres – puisse contribuer à une monétisation effective et au développement de l'économie ghanéenne. C'est la question à laquelle nous essaierons de répondre, à la lumière de l'expérience ghanéenne, dans un second ouvrage intitulé « *Le rôle de la monnaie dans le développement économique et social de l'Ouest africain* ».

Conclusion

Au terme de la première phase de notre étude, nous pouvons dire que la création d'institutions monétaires et bancaires dans les nouveaux États indépendants d'Afrique semble être une entreprise relativement facile, d'autant plus facile que les précédents établis dans ce domaine par les pays avancés leur offrent un cadre qui favorise leur initiative et leur imagination en la matière.

Le système monétaire et bancaire du Ghana, tel que nous venons de le présenter, s'apparente à bien des égards à celui que l'on trouve ailleurs dans les pays développés ou sous-développés. Mais dans la pratique, ce qu'il faut craindre, c'est l'application abusive d'une politique monétaire en référence aux principes établis à partir d'autres structures économiques, politiques et sociales ; cette politique peut être en contradiction avec le but recherché.

Au Ghana, si le cadre institutionnel établi peut paraître ne poser pratiquement aucun problème, on peut toutefois penser que sur le plan de la politique monétaire, il existe des contradictions du fait du rôle de l'État et de la Banque centrale en tant que promoteurs et régulateurs du développement économique.

En effet, l'objectif des pouvoirs publics est celui d'un développement économique accéléré par une politique de crédit qui favorise tous les secteurs de la production. Il va sans dire que si cette politique est suivie à la lettre, elle peut être génératrice de sérieuses tensions inflationnistes dans l'économie. La peur de ces dernières amène les mêmes pouvoirs publics à adopter et à prévoir des mesures de restriction qui, si elles sont exécutées avec rigueur, risquent d'entraîner à leur tour un blocage du développement.

Devant ces contradictions, ou plutôt ce dilemme, on note qu'en principe, le ton est à un certain compromis, où l'on cherche à favoriser certains secteurs, d'abord par une politique de contrôle sélectif et quantitatif de crédit. Mais ici, l'on n'évite pas pour autant les écueils, car si l'on favorise tel ou tel secteur, le secteur agricole ou le secteur industriel par exemple, il se manifestera tôt ou tard des tensions inflationnistes sectorielles qui, de proche en proche, provoqueront des tensions inflationnistes généralisées.

L'inflation est un phénomène inhérent au développement économique même, car toute politique de développement engendre un déséquilibre entre flux monétaire et flux réel. De là, le problème qui se pose semble être celui d'un choix. Si ce choix porte sur le développement, il faut être conscient que l'on ne saurait donc éviter l'inflation, que ce développement se fasse par l'épargne nationale ou étrangère réelle ou par une émission monétaire pure et simple.

Peut-être, dans ce dernier cas, les dangers d'inflation seront plus grands, ou même catastrophiques. Mais alors, ce qu'il faut surtout, c'est respecter certaines proportions, c'est-à-dire procéder à un dosage judicieux du crédit.

Il faudrait que chaque secteur reçoive la part du crédit ou d'investissement qui lui permettra de favoriser l'expansion en ce qui le concerne sans compromettre l'objectif principal d'un développement accéléré.

Les tensions inflationnistes qui se manifesteront tout au long du processus de développement seront sans doute résorbées lorsque la capacité productive installée le permettra. Mais alors, les prix qui résulteront de cette politique de développement seront à coup sûr des prix résultant d'une inflation antérieure, c'est-à-dire des prix qui ne seront pas compétitifs sur les marchés internationaux.

À cet égard s'imposera une nouvelle politique, un nouveau choix, celui qui doit tendre à l'intégration du système monétaire et économique national dans le système monétaire et économique international d'une manière juste et bénéfique pour le pays. Ce sera alors le temps d'une véritable politique de gestion économique et monétaire telle qu'elle se pratique aujourd'hui dans les pays développés, où pourront alterner dévaluation et réévaluation, restriction et expansion, stabilisation ou relance économique.

Tous ces problèmes relatifs à l'inflation inhérente au processus de développement que nous venons de soulever, ainsi que les problèmes de la gestion économique et monétaire dans les pays sous-développés d'Afrique, font l'objet d'une étude plus détaillée dans un second ouvrage, où nous nous appuierons notamment sur l'expérience récente du Ghana.

Bibliographie

A. Ouvrages

1- Raymond Barre, *Économie Politique*, Tome I, Éditions Thémis, 1960.

2- Frederic Benham, *Economics. A general Introduction*, London, Pitman & Sons Ltd, 1960, 575 p.

3- Pierre Berger, *La Monnaie et ses mécanismes*, 1960, PUF, (Que sais-je n° 1217) 1967, 125 p.

4- Jacques Branger, *Traité d'Économie Bancaire*, Tome I, PUF, 1965.

5- Basil Davidson, *Old Africa Rediscovered*, Editions Victor Gollanez Ltd, 1959.

6- Erin E. Jucher Fleetwood, *Money and Finance in Africa*, George Allen Univin Ltd, London, 1964, 335 p.

7- Michel Leduc, *Les institutions monétaires africaines, pays francophones*, Éditions A. Pedone, 1965, 397 p.

8- Jean Marchal, *Monnaie et Crédit (Le Système monétaire et bancaire français*, Éditions Cujas, Paris, 1965, 534 p.

9- Marcel Netter, *Les Institutions monétaires en France*, PUF, (Que sais-je n° 1261), 1967, 126 p.

10- Kwame Nkrumah, *L'Afrique doit s'unir*, Éditions Payot, Paris, 1964, 258 p.

B. Rapports et publications

1- *The Modern Colonial Sterling Exchange Standard*, par H.A. Shannon, FMI Staff Papers, 1952, Vol. II, p. 318

2-*Report of Select Commission on Africa (Western Coast)*, par Andrew Swanzy, London, 1865.

3- *The Gold Coast Colonial Blue Book*, 1850.

4- *An account of the Gold Coast of Africa*, 1812.

5- *The Early Exchange System in Ghana*, par Dr. A. Mohammed, Bank of Ghana, Quarterly Economic Bulletin, vol. 5, n° 1, mars 1965.

6- *Bank of Ghana Annual Reports* 1958-67

7- *Economic Survey*, 1957-67.

8- *Report of the Decimal Currency Committee.*

9- *Sir Cecil Trevor Report.*

10- *Seven Year Development Plan*, 1963-64 to 1969-70

C. Textes

1- *The Bank of Ghana Ordinance*, 1957, Act & amendements.

2- *The Bank of Ghana Act*, 1963, Act. 182 & amendements.

3- *Agricultural Credit and Cooperative Bank*, 1965, Act 286 & amendements.

4- *National Investment Bank*, 1963, Act 163 & amendements.

5- *Savings Bank Act*, 1962, Act 129 & amendements.

6- *Ghana Commercial Bank Decree*, 1968.

Lexique

Besem : nom *akan* pour désigner le fétiche.

Chairman : président d'une Assemblée ou d'un Comité

Clearing : compensation

Corporation : compagnie, société

Demand Deposit : dépôt à vue

Kakera : mot *akan* qui signifie « très petit » ; utilisé autrefois pour désigner l'unité monétaire la plus petite.

National Liberation Council (NLC) : Conseil National de Libération, qui a gouverné le Ghana après le renversement du régime du Dr Nkrumah.

Overdraft : découvert.

Promissory Notes : traites émises par le gouvernement du Ghana ou un autre organisme public ou privé qui permet au bénéficiaire de demander une avance à une banque afin d'exécuter un projet ; ces traites sont remboursées à l'échéance avec intérêt.

Saving Deposit : dépôt d'épargne

Scheme : projet, plan ou programme

Time Deposit : dépôt à terme

Yewe : nom éwé pour désigner le fétiche (ou la religion traditionnelle)

Tableaux & schémas

Table des matières

Structures éditoriales du groupe L'Harmattan

L'Harmattan Italie
Via degli Artisti, 15
10124 Torino
harmattan.italia@gmail.com

L'Harmattan Hongrie
Kossuth l. u. 14-16.
1053 Budapest
harmattan@harmattan.hu

L'Harmattan Sénégal
10 VDN en face Mermoz
BP 45034 Dakar-Fann
senharmattan@gmail.com

L'Harmattan Cameroun
TSINGA/FECAFOOT
BP 11486 Yaoundé
inkoukam@gmail.com

L'Harmattan Burkina Faso
Achille Somé – tengnule@hotmail.fr

L'Harmattan Guinée
Almamya, rue KA 028 OKB Agency
BP 3470 Conakry
harmattanguinee@yahoo.fr

L'Harmattan RDC
185, avenue Nyangwe
Commune de Lingwala – Kinshasa
matangilamusadila@yahoo.fr

L'Harmattan Congo
67, boulevard Denis-Sassou-N'Guesso
BP 2874 Brazzaville
harmattan.congo@yahoo.fr

L'Harmattan Mali
Sirakoro-Meguetana V31
Bamako
syllaka@yahoo.fr

L'Harmattan Togo
Djidjole – Lomé
Maison Amela
face EPP BATOME
ddamela@aol.com

L'Harmattan Côte d'Ivoire
Résidence Karl – Cité des Arts
Abidjan-Cocody
03 BP 1588 Abidjan
espace_harmattan.ci@hotmail.fr

L'Harmattan Algérie
22, rue Moulay-Mohamed
31000 Oran
info2@harmattan-algerie.com

L'Harmattan Maroc
5, rue Ferrane-Kouicha, Talaâ-Elkbira
Chrableyine, Fès-Médine
30000 Fès
harmattan.maroc@gmail.com

Nos librairies en France

Librairie internationale
16, rue des Écoles – 75005 Paris
librairie.internationale@harmattan.fr
01 40 46 79 11
www.librairieharmattan.com

Librairie l'Espace Harmattan
21 bis, rue des Écoles – 75005 Paris
librairie.espace@harmattan.fr
01 43 29 49 42

Lib. sciences humaines & histoire
21, rue des Écoles – 75005 Paris
librairie.sh@harmattan.fr
01 46 34 13 71
www.librairieharmattansh.com

Lib. Méditerranée & Moyen-Orient
7, rue des Carmes – 75005 Paris
librairie.mediterranee@harmattan.fr
01 43 29 71 15

Librairie Le Lucernaire
53, rue Notre-Dame-des-Champs – 75006 Paris
librairie@lucernaire.fr
01 42 22 67 13

www.ingramcontent.com/pod-product-compliance
Lightning Source LLC
LaVergne TN
LVHW021227061026
849535LV00008B/2953
9782343205878